La Empresa Inacabada

Carlos Samaniego

e-Diciones

kolab.es

La Empresa Inacabada

Carlos Samaniego

Ilustrado por
Clara Castillo

Versión P.O.D. - 1a Edición - Marzo 2013

ISBN: 978-84-941028-2-0

*Al príncipe Walina y a
Carlos Garza, mi Ingeniero de cabecera.*

TABLE OF CONTENTS

PRÓLOGO
Una mirada al interior

Todavía me pregunto cómo es capaz de hacerlo. Carlos Samaniego es una de esas personas que tiene la extraña capacidad de no pasar desapercibido una vez que abre la boca. Capacidad que usa para decir las cosas así como realmente son, en castellano viejo, y eso tiene un efecto tan poco balsámico para él como molesto para quién se ve en el punto de mira de su juicio. Esta vez nos toca a todos mirarnos al espejo de su opinión y a mí introducir este apasionante viaje a nuestra mirada interior.

Historia, psicología, y empresa. Bonito encargo. Los recursos humanos y su importancia en el mundo de la empresa están ya más que descritos, estudiados y catalogados; el capital humano como fortaleza y verdadero motor de las empresas. Aspectos y verdades de una realidad socioeconómica que demanda buenos especialistas desde el punto de vista técnico, pero también exige capacidad de aprender, crecer y relacionarse en entornos cada vez más cambiantes, tanto dentro como fuera de la misma empresa. Nada más y nada menos. Y otras mil cosas más que numerosos autores se han encargado de glosar desde diferentes puntos de vista. Y otras mil cosas más que numerosos autores se han encargado de glosar desde diferentes puntos de vista.

Sobre cómo la Historia, con mayúsculas, condiciona estas dos realidades, se encarga el autor de desarrollar de manera brillante las páginas que el lector se dispone a leer. La memoria histórica, especialmente la anterior al Siglo XX, ha dejado en nosotros rasgos claramente diferenciables que anuncian y condicionan nuestro comportamiento frente a situaciones concretas, o en la toma de decisiones que se presentan a diario en nuestra vida profesional. Dicho esto, ¿qué tiene que ver el episodio de Trafalgar, con mi reunión de ventas de la semana que viene? ¿Acaso no vendrá más a cuento la batalla de Bailén? ¿O el fatalismo del 98?

Por más ridículo que suene, nuestra conducta está influida por esa memoria colectiva y pretérita. Rememorando ahora el segundo centenario de la Guerra de la Independencia Española, cabe recordar que Francia nos concedió de manera totalmente involuntaria la oportunidad de creernos una nación. En un momento de profunda crisis económica, política y social, con el país divido entre afrancesados y patriotas, y éstos a su vez en dos bandos bien diferenciados como liberales y absolutistas, la invasión Francesa marcó un antes y un después de nuestra conciencia como país. En este escenario, repito, surge un nuevo orden en el que, en general, serán los ilustrados, algunos ya con tendencias liberales, los que lleven la voz cantante, pero a ellos se unirán representantes de todos los ámbitos y clases sociales: nobles, absolutistas y liberales, intelectuales, universitarios, burgueses, autoridades municipales y provinciales, militares, clero y clases populares. Éstas últimas por primera vez y de manera muy importante, con voz propia en el panorama nacional. Personajes de a pie, habitantes de las ciudades y del medio rural. Ciudadanos anónimos que tomaron la iniciativa de la resistencia, mientras el ejército español estaba desarmado y bloqueado como consecuencia de los acuerdos firmados con Francia, que permitían el paso de las tropas bonapartistas a través de la península. Así las cosas, se produjo en aquel primer momento en Madrid, y luego se extendió por toda la península, un fenómeno espontáneo de resistencia no organizada que a posteriori quedó formalmente agrupado en las llamadas Juntas, que darían lugar a las Cortes Generales.

Como bien escribiría posteriormente Napoleón, a los españoles pobres de solemnidad y abandonados por una monarquía que apenas si se satisfacía a ella misma y a su pesada administración, un enemigo común como Francia les sacó su orgullo como nación, una unidad de objetivos no conocida en muchos años, la iniciativa popular y el desarrollo de un sistema de lucha que minimizaba la aplastante superioridad de la máquina de combate gala, hasta esa fecha no contestada en Europa, forzándola a luchar cuerpo a cuerpo con quién nada tenía que perder; y así podríamos seguir hasta enumerar todas las causas que llevaron al desastre de los planes imperialistas. Es más que seguro que sin la ayuda de Inglaterra aquella guerra no se hubiera ganado, pero poco podría imaginar el emperador la relevancia que aquel episodio tendría en la conformación del estado que hoy conocemos como España.

Compartirá el lector que también son éstas las claves que conducen al éxito de las empresas. Saber adaptarse al entorno, aprovechar lo mejor de cada uno partiendo de sus particularidades, aunar objetivos, provocar el cambio, innovar en la estrategia, y por supuesto buscar las alianzas que contribuyan al éxito.

En la España de comienzos del diecinueve, la principal contribución de Francia consistió en remover los cimientos de una sociedad cautiva de la monarquía, la nobleza y el clero. Pasar a un nuevo estatus en que cada uno asumió su papel con entusiasmo e importancia. Y así las Cortes de Cádiz promulgaron la constitución de 1812, que fue el primer intento serio de articular un estado moderno. La constitución establecía entre otras muchas novedades, el sufragio, la libertad de imprenta, abolía la inquisición, acordaba el reparto de tierras y la libertad de industria. Devolvía la soberanía a la nación, no al Rey, garantizaba la separación de poderes y poseía un artículo primero importantísimo: **"La nación española es la reunión de los españoles de ambos hemisferios"**.

Pocas palabras para decir mucho. Europa, América, África y Asia juntas. Con todos y todo lo que en ellas había. Creo que difícilmente se podría haber sido más generoso en la definición y por desgracia no lo volvimos a ser nunca. Aquel intento no fructificó, y en dos años volvió el absolutismo de la mano del Rey felón, Fernando VII, que tras los desastres de la guerra nos trajo los desastres de la paz, aún peores si cabe. Sin embargo el gran paso ya se había dado de manera definitiva y todavía hoy doscientos años después, la guerra de independencia y la constitución de 1812 son parte importante de nuestra identidad como nación.

Historia, psicología y empresa. Parece pues, que tienen algo en común. Es posible que sea más difícil pensar en estos términos cuando nos referimos a nosotros mismos, en tiempo presente, pero es inevitable que lo hagamos cuando ponemos "ese espejo" para reflejar a nuestros interlocutores. ¿Afrontamos igual una negociación o un trato importante con un cliente centroeuropeo, americano o africano? Más allá de los términos de rentabilidad, ¿sería el mismo trato con cada uno de ellos igualmente satisfactorio? La respuesta es no. Nuestros esquemas están afectados por lo que un día sucedió y sus posteriores consecuencias en el devenir de las cosas. Los estereotipos, siempre referidos a aspectos superfluos de la conducta o la identidad de un grupo de personas, nación, raza o religión, distorsionan nuestra visión de la realidad. Cuando aceptamos que esa realidad es percibida de manera condicionada es cuando realmente alcanzamos a comprender lo importante que es afrontar las decisiones empresariales desde un punto de vista abierto; abierto no sólo a nuestras necesidades, también a las del otro. Recordemos que fuimos capaces de imaginarnos a nosotros mismos como Europa, América, África y Asia juntas. Distintas pero juntas. También se admite este planteamiento desde el punto de vista de la Justicia Social y la redistribución de la renta y la riqueza. Esta amplitud de visión nos hace ricos y buenos cuando la practicamos. Una apertura de mente que está más allá del planteamiento cuánto gano cuánto pierdes, o cuánto ganas cuánto pierdo. Pero, incluso en el deseable caso de ganar ambos, ¿en qué medida nos quedamos con la pobre impresión de haber dejado algo a ganar si el interlocutor es percibido bajo el filtro de nuestros prejuicios? Llegados a este punto: ¿nos puede enseñar algo África?, ¿dejamos cosas por retomar en América?, ¿es Asia algo más que una manera de abaratar costes? La respuesta es sí, sí y sí. Miremos a África para avanzar en un enriquecimiento mutuo. Veamos América como el hermano al que hace mucho que no visitamos, y dejemos de ver Asia como una chica a la que hacemos guiños para conseguir su "sonrisa" productiva. Es posible otro enfoque y recuperar un papel predominante e influyente si hacemos las cosas bien, con respeto y procurando el beneficio mutuo en nuestras actuaciones. Para esto es preciso hacer negocios mirándonos a los ojos, con intenciones sinceras. Hace 30 o 40 años los empresarios españoles miraban a Europa con el objetivo de tratarnos de tú a tú. Demostrarnos y demostrarles que éramos perfectamente capaces de producir, procesar o prestar servicios con unos niveles de calidad iguales o mejores a los suyos. La búsqueda de la competitividad era, en esos momentos, la principal necesidad de un país como España que aspiraba a convertirse en uno de "ellos", no sólo en un lugar en el que ellos hacían sus negocios porque les era barato. Entiéndase barato por las facilidades varias que el Estado propiciaba para su captación o por lo económico de la mano de obra. Ahora podemos decir que lo hemos conseguido. Sin embargo, cuando hemos sido aceptados en su club e incluso nos sentimos importantes, miramos a África o Sudamérica y no aplicamos esa misma concepción a las relaciones comerciales. Nos cuesta entender que en la medida que logren la tan ansiada competitividad nuestras oportunidades de negocio también aumentan, y tendemos a usar una mirada simplista que únicamente nos avisa del peligro de que estos nuevos "ellos" tomen posiciones cada vez más representativas en nuestros mercados. No basta con aprovechar estas oportunidades que nos ofrecen los países en vías de desarrollo para expandir nuestros boyantes negocios del "primer mundo". El mejor escenario de todos es promover y ayudar al proceso de maduración de esos mercados, porque así conseguiremos garantías de unas relaciones comerciales estables, de calidad, y, a la vez, con continuidad en el tiempo.

Volviendo a la Historia, tendemos con suma facilidad a buscar nuestros fantasmas coloniales en aquello que nos acechó desde fuera y sin embargo nos cuesta mirar en nuestro interior. Si lo hiciéramos con grandeza y apertura de miras huiríamos de la fatalidad, del patetismo, del falso sentimiento de pérdida que nos dejó y a la vez del desprecio a lo perdido. Américo Castro nos puede enseñar mucho al respecto. Usando la óptica apropiada seríamos capaces de ver las verdaderas razones por las que ocurrió aquello.

Veríamos gente digna, en muchos casos forzada a representar papeles menos dignos, y muchos personajes indignos tratados con toda dignidad. Veríamos Alatristes, gente con principios y nobleza en un mundo menos noble; también veríamos gente normal que llegado el momento asumió su papel de actor principal en esta Historia. Hombres mujeres y niños, artesanos militares y curas, que afrentaron al Emperador y a su hermano, haciéndole un corte de mangas a su perfecta y engrasada máquina de guerra: *la Grande Armée*. Oponiendo cuchillo y navaja a artillería y caballería. Quijotes que pensaron que sí era posible.

Sobre cómo la Historia marca nuestros patrones de pensamiento y comportamiento, y su influencia en la empresa trata este libro. Si queremos avanzar hacia una realidad más justa y más ética, es preciso un cambio en las relaciones comerciales. El primer cambio que debemos afrontar es el nuestro, renovando nuestra mirada interior. Se trata del más difícil de todos los cambios, pero el primer paso es ser consciente de ello y este libro que ahora empieza a leer le abrirá los ojos.

Juan Antonio Cárcamo
Coordinador de Logística de Rijk Zwaan Ibérica.
Almería, febrero de 2008.

GUÍA DE LECTURA
Para Apresurados

En este libro se tocan una gran diversidad de temas que se esbozan a continuación para facilitar su lectura. También se recomiendan tres posibles secuencias de lectura para que el lector escoja la que prefiera. La primera va en clave de Relato, la segunda en clave de Recursos Humanos y la tercera en clave Histórica. Si el lector no tiene un especial interés por una materia en concreto se le propone la primera secuencia. Para ello, basta con que lea la obra del principio a final siguiendo el orden de los capítulos.

El **capítulo 1** parte de la Globalización como realidad mundial que plantea retos importantes en las empresas como la competitividad, la integración social y el encuentro con otras etnias, pero también a nivel de toda la sociedad. La *Triculturalidad* española es un concepto poco conocido, que puede ayudar a entender algunas de las paradojas más importantes que se repiten. Sus aplicaciones alcanzan a todos los ámbitos sociales.

En el **capítulo 2** se analizan tradiciones laborales que nos parecen la cosa más natural del mundo porque estamos familiarizados con ellas, pero sobre las que conviene extender una mirada crítica, porque muchos hábitos se basan en la envidia y en una conformidad ciega a normas únicas, donde la libertad individual queda sofocada por la presión del grupo. Los resultados son, muchas veces, desastrosos, porque la productividad que se consigue es baja, el estrés alto, y hay un gran estancamiento de la organización.

En el **capítulo 3** se rescata el pensamiento de *Américo Castro* y su peripecia vital en España y América. Según este original investigador del siglo pasado, injustamente olvidado, la esencia española sería el resultado de la interacción de cristianos, moros y judíos, a lo largo de su historia común. Pero al ser extirpadas dos de las tres castas que componían el entramado social peninsular, desde antes del siglo X hasta el XVIII, se produjo un declive y un empobrecimiento cultural del que aún no nos hemos recuperado del todo. En consecuencia, no necesitamos mirar a los Estados Unidos o a Canadá para aprender multiculturalidad, puesto que basta con volver la mirada hacia nuestra propia intrahistoria con una visión abierta. Así, los éxitos cosechados en el Siglo XVI serían atribuibles al intenso comercio, al intercambio de ideas, y a las diferentes sensibilidades entre el mundo islámico, cristiano y el hebreo de la época inmediatamente anterior. Es decir, tres realidades distintas (Hispania, Sefarad, Al-andalus) en un mismo territorio común (península ibérica). ¿Son los "otros" tan diferentes a nosotros como nos han repetido tantas veces? porque en nuestro inconsciente colectivo hay hábitos heredados de esos otros a los que tan poco conocemos y a los que debemos nuestra identidad.

El **capítulo 4** aborda algunas conductas laborales que requieren revisión. Una de ellas es la que alude a la forma de alimentación y a los horarios de comida en las empresas, sin olvidar el valor que se da a la comida, más como forma de saciar únicamente necesidades biológicas que como ritual social para expresar valores de convivencia. El tema tiene connotaciones que van más allá de nuestras fronteras, porque los horarios de comida de la mayoría de los países de la UE difieren del nuestro, e igual sucede con los horarios de comercio y la manera en que estructuramos nuestra vida social y de relación. Dos temas más completan el capítulo: la creatividad en el trabajo y la coordinación. O mejor dicho, la represión de la primera y la incapacidad para aplicar mínimamente la segunda. He ahí dos aéreas de conducta organizacional que nos identifican claramente. Porque somos extraordinariamente creativos a nivel individual, pero unos auténticos desastres cuando tenemos que coordinarnos para la cosa más sencilla. ¿Deberá seguir siendo esto así por los restos?

El Árbol de la Infamia es el título del **capítulo 5** que comienza con un suceso desconocido para la mayoría que tuvo lugar el 6 de junio de 1391 en Sevilla y se propagó a la mayoría de ciudades de Castilla y Aragón aquel verano. Este luctuoso acontecimiento creó una ola de tiempo que todavía perdura. Sefarad es, por otra parte, una realidad de la que preferimos no hablar, a pesar de que somos uno de los países donde más se mezcló la población judía con la cristiana. Tal vez debamos empezar ya a airear el pasado.

En el **capítulo 6** se repasan situaciones cotidianas. Hay objetos que no sirven para nada y servicios que siempre están estropeados cuando los necesitas. ¿Por qué hay detalles en los que todos nos fijamos, mientras otros siempre se nos escapan?

Seguidamente y partiendo del absentismo laboral que tanto abunda, se lleva la reflexión hasta el corazón del problema.

¿Nos comprometemos de veras con la empresa o simplemente acatamos lo que nos piden? ¿Cuántas veces nos ausentamos del trabajo mentalmente y abandonamos nuestras responsabilidades profesionales? A esto los especialistas denominan *conductas de escape, abandono o huida.* ¿Pero están las empresas organizadas para que la gente pueda implicarse a fondo en su trabajo? ¿Se fomentan conductas adultas, o solo se busca la obediencia y la sumisión de la gente?

En el **capítulo 7** se revisan los puntos críticos de la historia común a los dos lados del Estrecho. Como parece constatarse existe una infranqueable frontera invisible que nos impide ver lo que hay en el otro lado, a pesar de que las crónicas muestran un continuo intercambio a los dos lados del mar. Por eso se hace necesario entender bien los hitos históricos, para acabar con el bloqueo que a mucha gente la mantiene al margen del tiempo a pesar de la cercanía física. Andalucía, y, sobre todo, las ciudades del litoral como Almería, deben abrirse al norte de África, pero ello no será posible si nuestras actitudes mentales siguen aferradas al lecho de muerte de la reina Isabel, cuando ordenó en su testamento que se prosiguiese la expansión militar por África contra los enemigos de la fe. Y en cuanto al intercambio con el Magreb, ¿vamos a cooperar de verdad con nuestros vecinos del sur o seguiremos mirando para otro lado?

En el **capítulo 8** se da la última vuelta de tuerca a ese gran problema que tenemos como sociedad que es la envidia. Una envidia insidiosa y ciega contra todo lo que suena a talento, con el triunfo final de la tradición sobre la innovación. Aquí no triunfa nadie, a mayor gloria del estancamiento organizativo y el subdesarrollo científico. Se incluye un relato sobre un joven que deja la universidad por las copas y las juergas en la Almería nocturna del dinero rápido de los invernaderos. Una historia con final feliz, a pesar de que no todas terminan bien. En *Técula Mécula* se habla de una organización hostelera líder mundial: Paradores Nacionales. Y al final, acabamos nuestro recorrido en Agadir (Marruecos), rodeados de camellos, junto a las grandes plantaciones de tomates, y muy cerca de un desierto que ya se adivina tras el cántico de los pájaros. Si al lector le interesa hacer una lectura en clave de Recursos Humanos, se sugiere la lectura de los capítulos: 3, 1, 2, 8, 4, 6. Si se orienta hacia la perspectiva Histórica, puede empezar por el capítulo 1 y seguir por los capítulos: 3, 5, 7.

CAPÍTULO .01

Paradojas Repetidas

*"Si la historia la escriben los que ganan,
eso quiere decir que hay otra historia"*

L. Nebbia

Organizaciones interculturales

En un *zetgeist* como el actual, en el que el espíritu de la multicul-turalidad sobrevuela Occidente y se buscan nuevos modelos de relaciones interculturales que pongan en comunicación a todos los pueblos de la Tierra, se hace cada vez más apremiante que las organizaciones sean capaces de integrar eficientemente a individuos pertenecientes a distintas culturas, con un ojo puesto en las relaciones humanas y el otro en la competitividad.

Sin embargo, la cosa no resulta fácil porque apenas hay empresas multiculturales dignas de ese nombre de las que podamos aprender. Y ello tiene que ver con el hecho de que la Globalización, de la que tanto se habla, solo funciona en el campo de la libre circulación de capitales, sin que hasta la fecha haya producido experiencias relevantes de fusión intercultural de recursos humanos en las propias empresas. Cada país sigue siendo lo que su historia nos enseña que es, aunque ahora se habla de hacer las cosas mejor, cuidando de la naturaleza y atendiendo las necesidades de todas las etnias.

España busca un lugar en el nuevo orden mundial y hay algo nuevo que, en efecto, podría aportar: la *Triculturalidad*. En la península ibérica durante la Edad Media entraron en contacto cristianos, musulmanes y judíos, produciendo una interacción que dio paso, entre otras manifestaciones, a un esplendor económico e intelectual durante el siglo XVI, que catapultó a los reinos peninsulares al liderazgo mundial en todos los campos. Sin embargo, el verdadero origen de estos éxitos se ha ignorado sistemáticamente, desvinculándolo de las aportaciones que sefarditas, mudéjares-moriscos y cristianos hicieran, en un complejo proceso de construcción-deconstrucción a lo largo de los siglos anteriores. Cuando musulmanes y judíos fueron violentamente deportados, desapareció con ellos su cultura, una extensa red comercial por todo el Mediterráneo, el trabajo artesanal y agrícola que tan eficazmente realizaban, y, sobre todo, sus irremplazables aportaciones intelectuales en ciencia y filosofía. Entonces, comenzó una decadencia de la que aún no nos hemos recuperado.

La *Triculturalidad* como hecho histórico constatable nos muestra un camino a seguir y nos plantea un reto que alcanza a las organizaciones laborales de nuestros días. Y ello es así, porque nos invita a un cambio de enfoque que reconozca que la riqueza laboral de las organizaciones se puede incrementar de manera sustancial incorporando otras culturas y sensibilidades diferentes a la oficial. Esta idea se fundamenta tanto en la multiculturalidad que nuestros antepasados cultivaron en la Península como en las ultimas tendencias que siguen las organizaciones más avanzados en materia de Recursos Humanos. Por tanto, es hacia nuestro propio pasado hacia donde debemos dirigir la búsqueda de nuestra identidad más genuina y luego plasmarla en todas los campos posibles. Si fuéramos capaces de aceptar nuestra paradójica identidad histórico-cultural y el potencial que en ella se esconde podríamos acometer ambiciosos proyectos colectivos. No de la misma forma que hace seis siglos, lógicamente, pero si sentando las bases para un verdadero encuentro con los "otros" en lugar de seguir negándolos psicológicamente. Necesitamos hacer un cambio importante que transforme las preconcepciones mentales imperantes sobre la empresa, para que esta deje de ser solo un *territorio salvaje de caza* donde el endogrupo dominante somete o expulsa a los demás. Un cambio que nos enseñe a vivir en equilibrio, aceptando con naturalidad la incertidumbre que se produce en los encuentros y desencuentros con personas diferentes, sabiendo que ello aporta avances, innovación y progreso. Porque los conflictos son necesarios y una

22

fuente inagotable de crecimiento y maduración, si los gestionamos constructivamente.

Pero nos hemos ido acostumbrado a que formar parte de una empresa consiste básicamente en obedecer y conformarse con lo que hay, sin mejorarla internamente. ¿Qué sucedería si las distintas plantillas estuvieran formada por personas de distintas etnias y credos religiosos, y cada uno pudiera expresar sin cortapisas sus auténticos valores sobre el trabajo y las relaciones humanas? ¿Qué pasaría si se aceptara como natural y positivo la presencia de otras culturas y se fomentaran habilidades y enfoques nuevos, en lugar de aferrarse a la tradición?

¿Se produciría el, tantas veces profetizado Apocalipsis, o por el contrario mejoraría la salud organizacional, la creatividad y los resultados empresariales?

Vivimos atrapados en una dimensión espacio-temporal, en la que nos orientamos siguiendo mapas mentales y culturales construidos por nuestros antepasados, que hemos heredado acríticamente, interiorizándolos como verdades absolutas. Y una vez que los hemos metabolizado en nuestro interior se han convertido en una segunda naturaleza nuestra, de suerte que ya no somos capaces de distinguir hechos de interpretaciones, ni efectos de causas.

Pero nuestro legado histórico no siempre fue una pesadez o un incordio como lo vivimos hoy, y puede destejerse si nos ponemos a ello. Tenemos el inmenso poder de cambiar las cosas, aunque para ello hay que enfrentarse a ciertas paradojas repetidas de la historia, y pendientes de solución, que presiden los modelos de pensar y sentir colectivos. Éstas habitan dentro de rostros, conformando nuestro sistema nervioso, proteínas , enzimas y procesos biológicos.

Una de esas absurdas paradojas que se repite monótonamente como un mantra es la que afirma nuestro aislamiento, ensimismamiento y desconexión con el resto del mundo. La península Ibéri-

23

ca, sería un raro epifenómeno europeo, con características radicalmente distintas a otros territorios. Mucha pólvora se ha quemado en tratar de ensanchar las distancias y acentuar las diferencias con los colectivos con los que estamos emparentados: musulmanes y judíos. Pero como no conocemos bien las cartas marinas para navegar por nuestra propia historia, terminamos siendo incapaces de entender el presente y lo simplificamos todo como en un comic juvenil. Seguimos pensando que muchos acontecimientos de actualidad, tanto en la escena internacional como en la nacional poco tienen que ver con nosotros, pero no es así; porque algunos acontecimientos que sucedieron en un pasado mítico siguen influyéndonos poderosamente. De manera que si queremos construir una sociedad auténticamente democrática, libre y avanzada, no nos queda más remedio que ir en busca de nuestra identidad colectiva en lugar de ocultarla o tergiversarla. Así se ha actuado durante muchas generaciones en relación al asunto de los sefarditas y los moriscos. Por eso, a cada uno de estos grupos humanos hay que dedicarles la debida atención. Ciertos acontecimientos de nuestra historia común, vistos en conjunto, dibujan una escena nueva y sobrecogedora. Desconozco si deberíamos avergonzarnos de las acciones más censurables de nuestros antepasados, e incluso pedir perdón por ellos, a sabiendas de que nuestra generación no participó en tales sucesos, aunque muchos los criticamos y nos resultan incomprensibles, según la mentalidad de nuestro tiempo. En cualquier caso, habría que revisarlos para enriquecer la conciencia colectiva sobre nuestro pasado y nuestro presente. Si de verdad queremos terminar con esa fuga de energía y vitalidad que es la envidia, si de verdad queremos apostar por el talento de los mejores, si de verdad queremos conseguir resultados importantes, en lugar estar siempre peleándonos, debemos colaborar más entre nosotros, abriéndonos a otras etnias y a nuevas formas de pensar. Esto ya ocurrió durante prolongados periodos, tanto en los reinos medievales cristianos, como en Al-Andalus, pero estas experiencias de interculturalidad y convivencia pacífica se truncaron violentamente.

¿Podemos reabrir de nuevo las puertas que durante generaciones han permanecido cerradas a cal y canto? ¿Querríamos hacerlo? ¿Ganaríamos algo con ello? ¿Se dan las condiciones para cambiar el paradigma dominante?

SANGRE Y ORGULLO

Un tema difícil, y para muchos sin solución, es el de las relaciones de colaboración de la península Ibérica con el norte de África. En una época en la que se revisan perspectivas que hasta ahora parecían intocables, habría que retomar también las relaciones y la colaboración que el sur andaluz mantiene con el otro sur mediterráneo. Predomina en este campo una inercia sorda que nos paraliza y nos impide abrir puertas y ventanas, que debieran haberse abierto hace ya mucho tiempo. Al parecer, un muro de cristal blindado nos "protege" del otro lado, pero también nos mata.

Las posibilidades de colaboración e intercambio con el Magreb son considerables en todos los terrenos, aunque para conseguir buenos resultados habrá que plantear el asunto a largo plazo, con paciencia y constancia. El miedo y el desconocimiento son los dos obstáculos más importantes que habría que superar. Uno, porque paraliza la acción y el pensamiento, y el otro porque nos adormece en un engañoso sopor que nos vuelve torpes. Entender y asumir la compleja identidad de los pueblos ibéricos exige revisar sus relaciones con sus vecinos más cercanos y aprovechar las similitudes con ellos para poner en marcha empresas rentables, aprovechando los abundantes recursos a los dos lados del mar. El sur peninsular debe mirar al norte de África ya sin anteojeras. Si lo hace ahora, las generaciones futuras se beneficiarán, porque volverán a desbloquearse los canales que durante la mayor parte de la historia han transportando riqueza e ideas de uno a otro lado del Estrecho de Gibraltar. Sangre y orgullo nos obligan.

CAPÍTULO .02

Correr o Entender

*"Para qué repetir errores antiguos
habiendo tantos errores nuevos que cometer"*

Bertrand Rusell

Vivimos en un mundo de cambios acelerados, pero tratamos de mantener invariable nuestra vida personal a pesar del fragor de la batalla que nos rodea. Dejamos que los cambios externos determinen nuestros pasos, siguiendo las tendencias mayoritarias, y renunciamos a pensar sobre el significado profundo de los acontecimientos que se producen a nuestro alrededor y en nuestro interior.

Las organizaciones deben aprovechar los cambios del medio externo para readaptarse de forma cada vez más positiva al mercado, siguiendo estrategias bien pensadas; pero en lugar de ello, la mayoría va siempre a remolque de los acontecimientos. Cuando hay crisis económica y disminuye el trabajo, surge una gran oportunidad para hacer aquellas cosas básicas que nos fortalecen como organización y que con las prisas no siempre tenemos tiempo de hacer. Pero en lugar de ello, actuamos más por rutina que por reflexión, lo que a la larga nos termina ocasionando muchos disgustos.

Los grandes logros empresariales y humanos, no se consiguen a base de ajetreo y carreras sin sentido, sino dedicando periodos de tiempo a la reflexión rigurosa sobre la realidad y las oportunidades que esta nos ofrece en cada momento. Pensar el futuro y planificar las cosas anticipadamente supone no estar mirando siempre que hacen los demás en cada momento para imitarles, sino volvernos hacia el interior de nosotros mismos de una forma nueva, y redescubrir ¿que podemos hacer?

Hay que formular preguntas adecuadas y permanecer abierto a las respuestas que broten de nuestro interior en calma. Después hemos de escuchar las aportaciones de nuestros colaboradores. Pero ello no podemos hacerlo si carecemos del suficiente silencio y sosiego. Para abrirse a nuevas ideas y nuevas formas de entender el mundo y las cosas cotidianas, hay que parar de vez en cuando la carrera de la rutina, y hacer lo más difícil de todo: ¡mirar las cosas cotidianas desde nuevos y distintos puntos de vista!

En el torbellino de los mercados actuales, hemos de decidir si queremos ser locomotora o vagón de arrastre. Si nos interesa conquistar cotas de liderazgo en nuestro sector empresarial, hemos de innovar constantemente. Ello exige tiempo para olfatear las nuevas tendencias, y concentrar nuestros mejores esfuerzos en las cosas que son más importantes, no en las rutinarias.

Llegados a este punto, cabe hacernos algunas preguntas básicas:

- ¿Invitamos e incentivamos a que el personal de nuestra organización piense sobre el trabajo y la empresa de forma nueva?

- ¿Premiamos sólo a los que piensan lo "correcto"?

- ¿Aprovechamos adecuadamente el Capital Intelectual de que disponemos?

- ¿Cuál es el papel de la Dirección: gestionar cambios rentables, o mantener las cosas como están?

Acertar en la acción correcta no suele ser fácil. Pero sin duda conseguiremos éxitos importantes si aprendemos a conjugar, equilibrada y simultáneamente, dos procesos importantes: *Correr y Entender.*

AL TRABAJO VENIMOS A SUFRIR

Muchas organizaciones aún se construyen siguiendo esquemas autoritarios. Un sujeto se sitúa en el vértice superior del organigrama y dice a los demás lo que tienen que hacer, como único poder de referencia. Los demás cuentan poco. Los resultados indican que la mayor parte de la población laboral que presta sus servicios en estas organizaciones, sienten que solo van al trabajo a someterse, a entregar su fuerza muscular y su presencia física a cambio de dinero y poco más. Por eso, no es de extrañar que se escuchen expresiones coloquiales como estas:

- *Hacen como que me pagan, hago como que trabajo.*

- *Aquí estoy, con muy buenas ideas, pero no me hacen caso.*

- *Lo mejor de este trabajo es el clima (en referencia al aire acondicionado de la oficina).*

Las cosas más valiosas que podríamos aportar a nuestra organización ni nos las valoran ni las quieren, por eso no debe sorprendernos que algunas veces terminemos sacando lo peor de nosotros. Y es que al cabo de los años, la gente acaba preguntándose de muy diferentes maneras para qué rayos dedicamos tantas horas de nuestra vida al trabajo, y si tanto esfuerzo merece la pena. ¿Venimos solo a por una nómina mensual con la que alimentar a nuestra familia? ¿Venimos a participar en la creación de nueva riqueza, desarrollando al máximo nuestro potencial humano? ¿A que venimos al trabajo? La respuesta a estas y otras preguntas similares es siempre la misma: "Al trabajo venimos a sufrir".

Es como sí la maldición bíblica *¡Ganarás el pan con el sudor de tu frente!* permaneciera intacta tras varios miles de años, y siguiera estando prohibido ser felices (excepto en Navidad), puesto que hombres y mujeres hemos venido a este mundo a sufrir, y como el trabajo es una cosa muy seria, uno no tiene permiso para pasárselo bien. Así pues, muchos individuos concentran sus afanes personales, a falta de otra cosa mejor que hacer, en impedir que los demás consigan sus metas legítimas. Razonan así: " *Si yo no puedo alcanzar mis metas ni llegar donde tú porque eres mejor que yo, entonces te obstaculizaré, y, si puedo,* *destruiré tu trabajo ante los demás sin que se me note mucho. No importa lo que me cueste, porque no tengo prisa, ya que para mí lo importante es que tu no consigas tus metas, porque si yo no puedo alcanzar las mías, tú tampoco alcanzarás las tuyas".*

De este modo, las organizaciones, al convertirse en cotos particulares de caza, terminan perdiendo la aportación de sus mejores talentos, los cuales acaban diluyéndose en la neblina gris de las zancadillas y los ataques depredadores, mientras el capital humano se reduce a la mínima expresión posible. Evidentemente, para conseguir esto hace falta un gran esfuerzo a lo largo del tiempo, abundante perversidad, y mucha capacidad de rapiña y juego sucio.

Pero lo más curioso, es que vemos natural esta clase de comportamientos, porque nos hemos acostumbrado tanto a ellos que ya nos parecen naturales. La creencia de que al trabajo venimos a *sufrir* y a recibir puñaladas, como en un frente de guerra, es una especie de fantasma que alimentamos con la sangre de nuestros sueños rotos, los cuales terminan destruyéndonos a nosotros mismos, al no poder realizarlos. Sin embargo, no debemos perder de vista que este fantasma solo es una creencia a la que nosotros mismos damos vida, y que existe porque lo mantenemos vivo en virtud del acuerdo tácito que renovamos todos los días con el. Recordemos que de la misma forma que lo hemos creado podríamos desactivarlo, para sustituirlo por otra forma de pensar más inteligente y constructiva.

Porque si lo razonamos fríamente, en el trabajo podemos disfrutar tanto como en un juego, haciendo las cosas que nos piden, y, sobre todo, podríamos aportar lo mejor que tenemos y somos. Ello contribuiría a crear mayor riqueza que el sistema actual, y, sobre todo, impediría que la mediocridad y la arbitrariedad siguieran reinando en las organizaciones, con todo lo que ello implica. El poder formal ha de ponerse al servicio de la colectividad en su conjunto, no al de unos pocos. La Dirección debe apoyar a los mejores, evitando convertirse en cómplice de un sinfín de prácticas injustas y (muchas veces) estúpidas, que destruyen el alma, la fuerza y el clima de la organización, y que al final no producen beneficios, debilitando el sistema.

Para conseguir que en el mundo laboral florezcan espacios de realización humana dignos de este nombre, en primer lugar hemos de cambiar internamente, revisando nuestros supuestos mentales, para que podamos aportar a la empresa nuestras mejores ideas y las ganas de trabajar en equipo. *¿Cómo puedo ser en mi familia una persona responsable y cariñosa, mientras en el trabajo soy un canalla sin escrúpulos?* Algunos justifican sus prácticas depredadoras con una sonrisa, diciendo que tienen hijos a los que alimentar. Sin duda sus hijos son maravillosos y ellos unos padres justos y solícitos; pero la cuestión de fondo no es esa, sino que no podemos mantener el sistema familiar sobre las ruinas del sistema laboral. Hemos creado un sistema de relaciones en el mundo del trabajo donde la perversidad moral se ha adueñado de todos los ámbitos, y ya nos parece natural que cualquiera trate de destruir al compañero, porque se sobreentiende que *"todos hacen lo mismo"*. Así, las conductas mas insolidarias, egoístas y perversas se manifiestan a la vista de todos, sin que nadie mueva un dedo para contenerlas o censurarlas.

¿Pero porqué creemos que es imposible trabajar en organizaciones bien coordinadas, justas y eficientes, capaces de proporcionar a sus miembros bienestar en el desempeño de la actividad profesional? ¿Acaso no cambian muchas cosas en el trabajo cuando introducimos nuevas tecnologías o simplificamos los procesos operatorios? ¿Por qué las creencias básicas que tienen que ver con la esencia de nuestra naturaleza humana las dejamos casi siempre de lado? ¿Tan difícil resulta cambiar el pensamiento humano en grupo cuando se ha vuelto obsoleto?

Sabemos que es posible mejorar nuestros niveles de satisfacción humana y que ello depende en gran medida del sentido de la realización individual que demos a nuestra vida. No hay imposibles en este campo, ni ello es solo válido para una minoría con sus necesidades materiales resueltas. La experiencia demuestra que a miles de personas estos planteamientos les son beneficiosos en su acción diaria. Uno sabe cuando su vida se vuelve más plena o más vacía y si su felicidad aumenta o disminuye. Basta comparar los logros de modo objetivo. Si mis buenos momentos actuales son inferiores, en número o calidad, a los de otras épocas de mi vida, algo anda mal. Si son mejores, estoy bien orientado.

El trabajo remunerado es una de las actividades humanas más importantes, por lo que hay que revisar y mejorar continuamente las condiciones en las que lo realizamos. En las últimas décadas se han experimentado notables avances en ergonomía, nuevas tecnologías y diseño de puestos. Pues bien, ¿No creen que ya ha llegado el momento de firmar la paz? ¿O es que de verdad les gusta a ustedes venir al trabajo a sufrir?

QUIERO SER NORMAL

Muchas personas temen mostrar libremente sus mejores habilidades, ideas y sugerencias en el trabajo, porque saben, por propia experiencia, que al final siempre hay alguien que termina molestándose y se desata la envidia y el conflicto contra nosotros. Para protegernos de este fenómeno omnipresente en las organizaciones, hemos aprendido a *"hacernos los tontos"*, o lo que es lo mismo, a poner la cota de nuestras competencias profesionales en el punto más bajo posible de la escala de nuestro potencial.

También hemos aprendido a negar sistemáticamente nuestras imperfecciones, procurando *"que no nos pillen"* en ningún fallo que pueda achacársenos directamente. De esta manera, no sobresalimos en nada (ni en lo bueno ni en lo malo) y, por tanto, dejamos de ser un peligro para mediocres al acecho. Cumplimos así el viejo sueño del perfecto empleado gris, de ser uno más, pasar desapercibido, cobrar la nómina a final de mes, y no meternos en líos nunca. En definitiva: ser *"normales"*.

Pero los resultados de este modelo de relaciones son siempre devastadores para la organización en particular y para la sociedad en general, porque al tratar de demostrar a los demás (y al final a nosotros mismos también) que *"no tenemos defectos"* y que todo lo que hacemos es normal, negamos lo mejor que hay dentro de nosotros. Matamos nuestra singularidad como seres humanos, únicos e irrepetibles.

Las empresas tradicionales buscan la conformidad de sus miembros con las normas imperantes de funcionamiento, pero desde hace algún tiempo, las organizaciones más avanzadas comienzan a pedirnos también que seamos excelentes en nuestro trabajo. A veces se quejan, no sin cierta razón, de que no aportamos suficientes ideas nuevas. Pero hay que decir, que tales pretensiones carecen de justificación si previamente no se modifica el escenario y la cultura organizativa donde actuamos.

En lugar de aspirar a vivir en ambientes laborales mediocres y conformistas, como hacemos habitualmente, deberíamos repensar las cosas de otra forma, porque para conseguir altos rendimientos en el trabajo es imprescindible aceptar nuestros defectos y limitaciones con naturalidad. Tratar de ocultarlos, además de no servir para nada, puesto que los compañeros nos perciben con facilidad como somos, exige de nosotros un enorme esfuerzo para negar una parte de nuestra vida, tan valiosa como los aspectos positivos. Hemos de aceptar que en nuestras imperfecciones actuales podemos encontrar un motivo para superarnos y crecer como personas. Por el contrario, donde resulta importantísimo concentrar nuestros esfuerzos es en el cultivo de nuestras cualidades individuales, perfeccionando incesantemente nuestras aptitudes, actitudes y personalidad, que son precisamente nuestra mayor riqueza, y en las que podemos aportar cosas únicas, creativas y originales a la organización. En este punto del discurso, muchos argumentarán que esto es muy bonito pero irrealizable en el mundo actual, porque en el caso de que pudiera aplicarse, crearía innumerables problemas al ir cada individuo a su aire, volviéndose la empresa ingobernable.

Los que así piensan, se envuelven en la bandera de la tradición, y repiten una y otra vez el mismo estribillo. Se niegan a experimentar nuevos procesos, y solo conciben una única manera de hacer las cosas (como siempre se han hecho, adaptándose a la moda del mercado, confiando en la autoridad tradicional, etc.). Sin embargo, afirman que les gustaría que las cosas funcionaran de otro modo mas positivo, pero desgraciadamente es imposible. Con un pié aceleran el motor, mientras que con el otro frenan los proyectos de cambio planificado, impidiendo que sus colaboradores avancen. Si es cierto que de los errores aprendemos más que de los éxitos, deberíamos diseccionar más las disfunciones que se nos presentan a diario en el trabajo, para perfeccionarnos incesantemente. Pero en lugar de ello, las respuestas que damos cuando se nos pregunta por nuestros principales problemas, son la negación y la autodefensa. *"Aquí no hay ningún problema"* se dice. *"Nosotros todos somos normales"* . Más adelante, cuando esta primera reacción da paso a un poco de confianza, las defensas suelen diluirse y los problemas empiezan a salir a la superficie.

Cuando se pregunta a un profesional por sus principales limitaciones técnicas y humanas, con frecuencia termina hablándonos del tiempo atmosférico, pero si en lugar de ello le preguntamos: "¿Qué es lo que más te cabrea en el trabajo?", en la conversación abundan anécdotas divertidas y llenas de significado. Otras veces hablar sobre los mejores y los peores momentos vividos a lo largo de la trayectoria laboral es muy clarificador por la gran riqueza de ideas que surgen y la permanente dificultad de llevarlas a la práctica por un sinfín de causas externas.

La cordialidad, la empatía, la cortesía y el respeto social son importantes. Pero en un mundo sobrecargado de tópicos, la esencia de las relaciones humanas termina perdiéndose si sólo atendemos al protocolo y la estética externa. A veces, la mejor comunicación surge de manera fresca y natural cuando expresamos afecto negativo sobre las cosas que no andan bien, y las compartimos con otros sin que ello sea una conspiración contra el sistema. Cuando descargamos de forma natural la rabia, la ira y la indignación que sentimos de manera legítima, nuestra disponibilidad para acometer acciones constructivas aumenta significativamente.

Un colectivo cada vez más numeroso de profesionales agradece esta manera de abordar la vida laboral. El presentar las cosas siempre bonitas y adornadas, lleva a mentir sistemáticamente y a tergiversar la realidad, reduciendo la credibilidad del mensaje que se lanza. Por el contrario, un posicionamiento más realista y crítico, que sopese ventajas e inconvenientes, clarifica las cosas, es más auténtico, y a largo plazo genera confianza.

Urge, por tanto, reestructurar las empresas, para que las personas que les dan vida puedan entregarse constructivamente a los proyectos en los que trabajan. Si lo mejor de una organización es siempre su capital humano ¿por qué hacemos las cosas al revés, poniendo a las personas en ultimo lugar?, ¿por qué no mejoramos la comunicación interpersonal, si somos seres sociales por naturaleza?, ¿por qué no caemos en la cuenta de que si hoy sembramos sometimiento y obediencia, mañana cosecharemos mediocridad y malestar? Por eso muchas veces me pregunto: ¿qué pasaría si en lugar de querer ser tan *normales*, fuéramos un poco más nosotros mismos, aún a riesgo de parecer raritos?

CAPÍTULO .03

Una Empresa Posible

"La mejor manera de predecir el futuro es crearlo"

P. Druker

Cuando se acometen experiencias avanzadas de trabajo en equipo (*círculos de calidad, grupos de progreso,* etc.) en las empresas de nuestro entorno cultural, estos procesos suelen durar poco y dan algún que otro disgusto a los que se ilusionan demasiado con ellos. La mayoría de las veces no pasan de ser una moda pasajera de la que se habla en la máquina del café, y se van como han venido: sin pena ni gloria. En Japón y en otros países del sureste asiático sucede lo contrario, pues allí las organizaciones cuentan con una cultura de trabajo en equipo bien asentada, y, a juzgar por los resultados empresariales de las últimas décadas, las cosas no les van mal.

En España apenas trabajamos en equipo, ni tan siquiera cuando lo proclamamos a los cuatro vientos. Y cuando alguien decide aplicar algún sistema nuevo que en otra empresa ha funcionado bien, *el invento* tarde o temprano termina decayendo porque los cambios y el nuevo estilo de relaciones que obliga a la gente a comportarse de otra forma no arraigan y se termina volviendo a la tradición de siempre. Los esquemas que se siguen en nuestras organizaciones para coordinar el trabajo y las relaciones laborales oscilan de lo espontáneo a lo intuitivo y cuando tenemos que "enseñar la casa" a visitantes curiosos y explicarles cómo coordinamos las actividades de los grupos, casi siempre terminamos en el mismo callejón sin salida, donde no nos queda más remedio que salir por peteneras:

- El que la lleva la entiende y no hay más que hablar"

¿Pero siempre fueron las cosas así como muchos dan por sentado o este individualismo rocambolesco se ha ido forjando entre todos casi sin darnos cuenta? Para responder, hay que adentrarse en el problema, nunca bien resuelto, de cuál es nuestra identidad cultural como sociedad.

Como es sabido, la "identidad" sería el resultado de las múltiples influencias que han ejercido sobre nuestra forma de pensar y actuar las distintas culturas, corrientes de pensamiento y nacionalidades, que han intervenido en la historia hasta conformar nuestro actual estilo de vida. Voy a caminar de la mano de un intelectual, desconocido para muchos, que puede ayudarnos a esclarecer importantes conceptos que con frecuencia se han pasado por alto. Me refiero al catedrático e investigador, Dr. Américo Castro.

AMERICO CASTRO

Américo Castro (1885-1972) antes de la II República ya era *Catedrático de Historia de la Lengua Española* en la Universidad de Madrid. En 1936 la Sorbona de París le otorgó un doctorado *Honoris Causa* por sus importantes trabajos de filología, momento que aprovechó para autoexiliarse a la República Argentina, de donde pasó en 1940 a EE. UU. a ocupar la *Cátedra de Lengua y Literatura Española* de la universidad de*Princenton*, codeándose con figuras como Einstein y otros científicos famosos de su tiempo. En este estimulante ambiente universitario trabajó 30 años, impartiendo clases, investigando y publicando. Cuando se incorporaba a su departamento universitario, el prestigio de la cultura española entre los intelectuales y especialistas era escaso, pues no se admitía que España tuviera una literatura comparable a la francesa o inglesa, más allá de la obra de Cervantes. Sin embargo, Castro agarró el toro por los cuernos y abordó el problema del sentido de lo español ya desde su Lección Inaugural (*The meaning of Spanish Civilization*), consagrándose desde entonces a explicar la historia y la cultura de su país natal en América.

Mientras en España la Dictadura se blindaba ante la libre circulación de ideas, Américo Castro buscaba nuevos enfoques, se nutría de las corrientes intelectuales más avanzadas de su tiempo y publicaba libros y artículos en Argentina y Estados Unidos, mientras sus obras estaban prohibidas en España. Quienes lo trataron entonces, o fueron sus alumnos, subrayan su extraordinaria altura humana y su gran vitalidad espiritual y científica. En 1948 publicó en Buenos Aires su obra cumbre a la edad de 63 años: *España en su Historia*, libro que produjo conmoción entre los especialistas porque proponía una nueva visión de la historia de España que permitía entender y explicar de forma nueva muchas de las disfunciones que impiden la normal convivencia, el trabajo en equipo y la creatividad compartida.

Para Castro, la singularidad española surge con posterioridad a la llegada de los musulmanes a la Península Ibérica, cuando los últimos hispano-visigodos se refugian en las montañas del norte. Desde ese momento y en contra de lo que siempre se había enseñado, se combinarán periodos de tolerancia y conflicto, con predominio de los primeros, acabando con la imagen tantas veces mitificada de una población en continua guerra de "reconquista". El último reino musulmán en la península se prolongó hasta 1492, dándose hasta entonces una coexistencia relativamente armónica entre cristianos, musulmanes y judíos, la cual produjo extraordinarios frutos, hasta convertir a la Península Ibérica en la primera potencia mundial en todos los campos durante el siglo XVI y parte del siguiente.

Lo español, sería, desde esta óptica, el resultado de las armonías y desajustes en la convivencia entre las tres castas de creyentes. De forma que no será posible entendernos como pueblo si no reconocemos este "encuentro" que tuvo lugar en un pasado, cercano y lejano a la vez, entre las tres religiones del "Libro", que se corresponden con *Hispania, Al-Andalus y Sefarad*. Tres culturas que florecen y se asientan en un espacio geográfico común, con visiones -a veces contrapuestas-sobre la existencia humana, la sociedad y el trabajo; y que hasta *ayer por la tarde* eran una realidad palpable en los campos, los talleres y los barrios de nuestros pueblos y ciudades.

El vocablo "casta" implica linaje y etnia, pero Castro lo utilizará para referirse a las creencias respectivas que cada comunidad profesaba ante las otras dos, con un claro afán de autoafirmación, y, a veces, de competición. Desde la *Teoría de la Identidad Social* de Tajfel y Turner (1986), podríamos entender esto como la búsqueda de la *Distintividad Positiva*, puesto que la convivencia de los tres grupos en compartimentos separados desembocó, con el paso del tiempo, en una división del trabajo, en virtud de la cual el cristiano se hizo guerrero, el musulmán se dedicó a producir bienes, y los sefarditas se especializaron en las finanzas, la medicina y el mundo intelectual. Mientras se mantuvo el equilibrio de influencias mutuas hubo armonía, pero al imponerse por la fuerza una casta sobre las otras dos se produjo una fisura irreparable. Es, por tanto, dudoso que la esencia hispana existiera ya en tiempos del Imperio Romano y que musulmanes y judíos sean solo aves de paso, sin peso específico, en nuestra historia común.

UN DEBATE PENDIENTE

La polémica que suscitaron en España estas tesis, a partir de 1960, fue agria e intensa entre los especialistas, pero no llegó a la calle porque sus obras no podían encontrarse en las librerías españolas. Las críticas que entonces se lanzaron no dieron paso a nuevas hipótesis, ni a visiones más perfeccionadas sobre nuestro pasado, y, lo que es peor, las consecuencias de su visión teórica no se trasladaron a la opinión pública, por lo que -en caso de ser ciertas- no se podrían aplicar sus recomendaciones para mejorar aspectos concretos de la dinámica social. Por el contrario, para los seguidores de esta línea interpretativa, los portentosos éxitos alcanzados durante el Siglo de Oro Español en economía, medicina, pintura, ciencia, traducciones, geografía, comercio y milicia, se deben, indiscutiblemente, a las valiosísimas aportaciones que hicieron las tres castas durante los siglos inmediatamente anteriores y son su consecuencia natural.

Cuando surge el tema en mis seminarios de la Escuela de Negocios de Andalucía me gusta exponer así este enfoque, tantas veces ignorado, de la *otra* historia:

-Haceros a la idea de que en tiempos de la expulsión los judíos españoles, probablemente eran los mejores de su tiempo en banca, medicina y comercio: ¡no había nadie como ellos! Las comunidades hispano-musulmanas eran muy laboriosas en agricultura, arquitectura, textiles y otras ocupaciones lucrativas. La casta de los cristianos, destacaba por su superioridad militar, muy por encima de los ejércitos europeos de la época. Pero al romperse finalmente el equilibrio en 1492 y empezar a disminuir la fuerza laboral de musulmanes y judíos, que continuó con sucesivas deportaciones masivas de moriscos, la decadencia fue adueñándose del panorama nacional, hasta alcanzar su punto más bajo en la derrota de 1898 ante EE. UU.

-Quiero que penséis en el hecho de que el destierro de los sefarditas fue tan sorprendente para las naciones europeas, como incomprensible para los banqueros genoveses, holandeses y alemanes, que enseguida ocuparon su lugar. En Europa nadie discutía el liderazgo de los judíos españoles como banqueros, por lo que, al deportarlos, la Corona no tuvo más remedio que recurrir a los servicios de banqueros de otros países para poder seguir financiando sus empresas coloniales y militares,pero -eso sí-en peores condiciones.

-Imaginaos por un momento que a un presidente de EstadosUnidos, una mañana se le ocurriera expulsar a la comunidad judía de Manhattan, de Nueva York, a Madagascar o Hawai.

¿Suponéis lo que ocurriría al día siguiente en el mercado mundial de diamantes?, ¿podéis imaginar las repercusiones que ello tendría en la economía estadounidense? Pues algo parecido sucedió en la España de los Reyes Católicos aquel año. De ser una de las grandes potencias europeas pasaríamos a ocupar posiciones muy inferiores, porque nuestros abuelos se dedicaron acomparar quién tenía la sangre más limpia y quien cocinaba con aceite de oliva y no comía cerdo.

45

-El Profesor Jhon Lynch, de la Universidad de Londres, ha documentado con gran profusión de detalles las graves repercusiones que tuvieron las expulsiones masivas de los moros españoles en el Reino de Valencia en 1609, a pesar de lo bien que trabajaban la agricultura de la zona y los excelentes rendimientos que conseguían. Su ausencia dio paso a la pobreza y a la despoblación de la región durante muchas décadas.

-Tanto en el caso de los sefardíes como en el de los moriscos, las repercusiones económicas, sociales y políticas de su destierro fueron incalculables. Porque con su muerte laboral se suspendió la producción de manufacturas, que entonces se empezaban a exportar a las colonias americanas, pero también se cortó el comercio y las conexiones que dichas comunidades mantenían con Oriente y el resto de Europa, a través de las cuales fluía el comercio, la nueva ciencia y el pensamiento más avanzado.

Al igual que sucedía en la Península Ibérica durante los siglos XIII y XIV, las organizaciones necesitan gente *diferente* que aporte a los proyectos empresariales distintas sensibilidades, y, a veces, puntos de vista contrapuestos. Personas y grupos que introduzcan habilidades y destrezas muy variadas. Pero, lamentablemente, ello no es posible si el recelo y la desconfianza siguen adueñándose del clima laboral de las empresas y la Administración. Será prácticamente imposible que en las organizaciones puedan implantarse procesos de trabajo con una máxima cooperación entre las personas, si previamente no se dan las condiciones para que el entendimiento sea la norma y no la excepción. Las creencias que pueblan nuestro imaginario colectivo sobre la cooperación en el mundo laboral, el respeto hacia el otro y la implicación a la que estamos obligados para con los objetivos de la organización necesitan una revisión a fondo y, en muchos casos, una reorientación urgente. Si seguimos pensando que continuamos en una especie de guerra mítica indefinida contra todo lo diferente a nosotros y contra todos, no llegaremos muy lejos. Por otra parte, concebir los beneficios empresariales y la generación de riqueza en términos exclusivamente monetarios es una apuesta equivocada a largo plazo, porque deja fuera de foco el factor humano de la organización, a sabiendas de su importancia y de que es perfectamente posible integrar los aspectos económicos, humanos y tecnológicos. Para lograrlo, se necesitan emprendedores y directivos con *visión*, que entiendan el potencial de las realizaciones humanas trascendentes; ya se trate de construir una catedral gótica, llevar y traer una tripulación a Marte, o lograr que una pequeña empresa local de los Campos de Níjar se convierta en líder mundial en su sector productivo.

LA CONQUISTA INTERIOR

En nuestros días, el trabajo simboliza tanto conquistas sociales como derechos individuales de las personas; y es un teatro privilegiado en el que se escenifican los bloqueos y avances que las sociedades humanas van conquistando paso a paso. Por eso, si el trabajo se sigue entendiendo como un mero recurso de subsistencia, donde las facultades más elevadas de hombres y mujeres (razón, justicia, estética, armonía, etc.) no tienen sitio, a lo más que se puede aspirar es a financiarnos el piso, la ropa y la comida, teniendo que buscar el desarrollo personal en otras instituciones donde las personas cuenten realmente. Pero este esquema ya ha dejado de ser válido para las empresas que han tocado techo y quieren seguir creciendo. Ni tampoco le sirve a millones de profesionales a los que ya no les basta con ir a trabajar, conformándose con que la Dirección no declare la suspensión de pagos este mes sino el siguiente. Las nuevas generaciones de directivos y gerentes deben mirar estas realidades con otros ojos y hacerse algunas preguntas clave hasta encontrar las respuestas correctas: ¿cómo hacemos las cosas en nuestra organización?, ¿desde qué supuestos trabajamos?, ¿cómo esperamos que la gente se comporte? Pero también hay que revisar los límites culturales autoimpuestos que nunca nos atrevemos a sobrepasar, y preguntarnos también cuando fue la última vez que dibujamos las fronteras de la empresa sobre el mapa. Porque si como nos dice el profesor Américo Castro hubo un tiempo en la península de grandes realizaciones colectivas, cuando las tres castas convivían y trabajaban equidistantemente, alternando negocios, disputas y fiesta, tenemos que coincidir en que la multiculturalidad, a pesar de las dificultades que entraña su puesta en práctica, es una opción válida y una oportunidad que no pueden desaprovechar ni las empresas ni la sociedad en su conjunto (a los dos lados del mar).

Al parecer, los hispanos tendemos a ser extremadamente individualistas, algo irreflexivos y sacamos la "mala leche" en el trabajo con demasiada frecuencia. Solemos ser apasionados y temperamentales; pero también capaces de triunfar en proyectos importantes cuando creemos en ellos y nos lo proponemos, aunque esto ocurre solo muy de vez en cuando. Como individuos somos creativos, no nos gusta trabajar en equipo y no damos la continuidad necesaria a los proyectos que emprendemos. A veces somos tribales y envidiosos. Pero cuando estas disfunciones se minimizan, emerge con una fuerza arrolladora un caudal de energía humana que puede con todo. En las empresas siguen teniendo mucho peso los endogrupos (tribus y clanes), consiguiendo imponerse los más fuertes sobre sus rivales, hasta desterrarlos o anularlos de la vida social de la empresa. En España desde los años 80 recorremos un camino de renovación social muy esperanzador que ha conseguido poner en vías de solución muchos problemas seculares, pero nuestra manera de entender el poder, en términos de dominaciónanulación, es destructiva, porque desmantela el tejido humano de la organización. Así al excluirse y negarse la visión y las aportaciones de los que piensan de modo diferente al clan dominante se pierde una tensión creativa y motivacional que podrían aportar estos colectivos internos, inutilizándose así la reserva de capital humano por la permanente deconstrucción que sufren los departamentos.

Nuestros líderes formales pocas veces han apostado por una colaboración a fondo y bien organizada del personal que dirigen en las organizaciones. Hoy se sigue sin estimular el pensamiento crítico y rara vez se pide a los empleados ideas y puntos de vista sobre lo que cada uno considera mejor para el futuro y la salud de la empresa. El posibilitar en los órganos competentes de la organización un debate a fondo, constructivo y responsable, sobre estas importantes cuestiones, parece a día de hoy ciencia ficción o algo lejano en el tiempo. Muchos directivos temen que si apuestan por un estilo como el que aquí apuntamos, el caos terminará apoderándose de la empresa y se entre en una espiral de anarquía, conflicto y desorden, imposibles de controlar. Nuestra historia a veces ha funcionado como un gran péndulo, en el que se han dado momentos de máxima efervescencia social, de corta duración, seguidos de prolongados periodos de atonía. Por eso, precisamente, es tan importante acertar con nuevas pautas de acción entre ambos extremos, que aseguren una evolución más equilibrada de los sistemas sociales y los procesos productivos que aplicamos en las organizaciones, pero incrementando su rendimiento.

Poca gente tiene plena conciencia que el estado español está situado entre los diez primeros países del mundo. Entre 1959 y 1973 se logró el "milagro económico", entrando en una espiral virtuosa de desarrollo económico y social que nos lanzó a la cabeza de las sociedades más desarrolladas. Al parecer lo estamos haciendo bien, ya que hemos acortado desigualdades sociales y hemos crecido mucho en producción industrial, mientras que con respecto al elevado desempleo que sufrimos hay opiniones, como la del sociólogo Gaviria (1996), que consideran que el paro sólo es la mitad del que indican las estadísticas oficiales. España es el séptimo país del mundo con mayor Producto Interior Bruto. En Tasa de Crecimiento ocupamos el quinto puesto y en el Índice de Desarrollo Humano de la ONU nos situamos en novena posición. Somos capaces de usar altas tecnologías y, al mismo tiempo, disfrutamos de un Estado del Bienestar cada vez más perfeccionado, sin olvidar nuestro saludable estilo de vida Mediterráneo. Pero los principales desafíos que tenemos en la actualidad son más internos que externos: ¿seguiremos mejorando la redistribución económica?, ¿acabaremos con el fantasma de la confrontación interna?,¿potenciaremos el capital intelectual hasta el límite de nuestras posibilidades? En lo que se refiere a la proyección exterior, aún no hemos definido con precisión al lado de qué países queremos estar y con qué actitudes y propósitos. Abrirse a una compresión más universalista y enriquecedora de los intercambios sociolaborales, fomentar la multiculturalidad en las empresas y respetar más a los otros, podrían ser algunas de las conclusiones que nuestro pasado tricultural nos ofrece. Porque si en el pasado el encuentro entre musulmanes, cristianos y judíos dio espléndidos frutos, nada se opone a que emprendamos nuevos proyectos que incluyan la diversidad étnica y cultural en las organizaciones. Nada excepto nuestras propias creencias.

Si en la empresa acogemos al "diferente" a nosotros y le hacemos el sitio que en justicia le corresponde por su talento y aportaciones pasaríamos -por fin-la última página de un capítulo crucial de nuestra historia, que tantos ríos de tinta y sangre ha vertido en el alma de tres pueblos hermanos.

CAPÍTULO .04

Seguimos Pasando Hambre

"El peor de los errores es hacer siempre lo mismo
y esperar resultados distintos"

Albert Einstein

España es un país al que le gusta mantener ciertos atavismos y le cuesta cambiar sus tradiciones más arraigadas, aún cuando estas carezcan de utilidad práctica. Así sucede con las pautas de alimentación que hace tiempo deberíamos haber sustituido por otras más sanas y acordes con las nuevas realidades del estilo de vida moderno. Y es que aún comemos una cantidad excesiva de alimentos en ambientes poco adecuados y en horarios que dejan mucho que desear; lo que acarrea efectos negativos sobre el rendimiento laboral, la salud general y hasta en la forma de divertirse y descansar. Cualquier investigador externo que estudie nuestros hábitos de conducta alimentaria y nos compare con otros países de nuestro entorno geográfico y cultural, terminará constatando que sufrimos una anomalía social, ya que desde un punto de vista psicológico organizamos nuestras comidas de manera poco racional. Algo así como si la posguerra no hubiera acabado aún, y no tuviéramos nada que llevarnos a la boca mañana.

Seguimos manteniendo vivas ciertas pautas que carecen de toda razón de ser en nuestros días, porque alimentarse ya no es una cuestión de supervivencia, sino de calidad de vida, ni la obesidad significa salud.

Comer en compañía de otros, sirve para festejar acontecimientos sociales (bodas, bautizos, etc.), expresar lazos de unión en familia (aniversarios, fiestas, etc.), y es un excelente ámbito para la comunicación interpersonal cara a cara sin barreras. Pero el acto de comer, entendido como actividad psicosocial tiene múltiples significados: desde exteriorizar riqueza y rango social, hasta servir de vehículo para la intimidad y el encuentro entre las personas. Porque los usos, las costumbres y las pautas de alimentación que una sociedad mantiene vigentes, expresan mucho cómo es su cultura y su evolución reciente.

En España seguimos sin valorar debidamente la buena preparación de los alimentos, ni su presentación en la mesa, ni disfrutamos debidamente del placer de la buena compañía y el contacto humano con compañeros, amigos o familiares, mientras saboreamos relajadamente los manjares. Nos tira mucho más zamparnos un buen *chuletón con patatas fritas*, o degustar una *mariscada*, precedida de una abundante *paella*, porque comer bien, -lo que se dice bien-a fin de cuentas, no es más que saciarse hasta reventar, como nos enseñaron nuestras madres y abuelas. Muchas personas, sin embargo, asocian la comida a compartir buenos momentos en ambientes agradables, fomentando el encuentro y las relaciones. Pero los establecimientos con este tipo de ambiente escasean. Sí abundan, en cambio, restaurantes con salas pequeñas y mal ventiladas, pobre decoración, y un personal mal formado.

En nuestro país gozamos de una de las cocinas tradicionales más ricas de Europa. Nuestros vinos son excelentes, y disfrutamos de algunas tradiciones como la del *"tapeo"* , que fomenta la interacción social en zonas de bares, disfrutando al mismo tiempo de una cocina tradicional muy rica y variada. Pero hay que decir que en España comemos en exceso y a horas inadecuadas. Deberíamos hacerlo entre las 12:00 y las 13:00 horas, como acostumbran nuestros conciudadanos europeos (incluido Portugal), pero aquí raro es el que come antes de las 14:30. A esas horas de la tarde se llega a la mesa con mucho apetito y nos pasamos en la cantidad. Al hacer una comida copiosa, la jornada de trabajo de la tarde se resiente. Por la noche cenamos demasiado tarde (sobre las 22:00 horas) poco antes de acostarnos, cuando lo razonable sería hacerlo sobre las 19:00 o las 20:00 horas. Es decir, cuando aquí tomamos la merienda. Pero es que no resulta fácil cambiar estos hábitos porque los comercios no cierran antes de las 20:00 horas. En resumen, nuestros horarios de comidas no aportan al organismo la energía necesaria para acometer una actividad regular a lo largo de toda la jornada de trabajo, y, especialmente, a primeras horas de la mañana, que es cuando menos alimentos ingerimos y cuando más los necesitamos.

En Inglaterra y otros países, muchas empresas disponen de comedores propios, que permiten hacer un desayuno fuerte y una comida ligera, proporcionando alimentos calientes y variados en el trabajo y en el momento que se necesitan. Ya me contarán ustedes si este sistema no es mejor que comerse un bocadillo de chorizo, sentado en cualquier rincón. Pero claro, abandonar la tradición por las buenas no forma parte de nuestro estilo de vida, ya que la costumbre es para nosotros lo primero. Y es que a poco que quisiéramos innovar no sería tan difícil conseguir mejoras de este tipo en los convenios colectivos, con la consiguiente mejora en la calidad de vida laboral que ello reportaría.

Los precios de los chiringuitos de playa y de otros establecimientos populares no dejan de aumentar. Todo el mundo cobra cada día más, pues, según parece, el desarrollo para muchos consiste en incrementar los precios sin mejorar, en la misma proporción, la calidad y el servicio. Para eso somos un país turístico -se dice-. El resultado es que los restaurantes de calidad ofrecen servicios cada vez más asequibles, por lo que la opción de mirar en primer lugar lo económico cada vez es menos válida. La batalla que hay que ganar hoy es la de la calidad a precios competitivos. Tomarse unas tapas con los amigos en un bar, para disfrutar de un rato agradable, o cerrar, en una comida de trabajo un acuerdo comercial importante entre dos empresas, no es posible si no se acierta con el establecimiento adecuado. Disponer de ambientes en los que se pueda hablar relajadamente sin forzar la voz es importante, porque seguimos siendo vociferantes y poco respetuosos con el espacio público de los demás. Aquí se permite, y hasta se fomenta, que cualquier parroquiano del barrio cante el himno de su pueblo si se siente inspirado, tanto si molesta a los demás comensales como si no. Y todo ello con el beneplácito de la Dirección de la Casa, que suele considerar estas manifestaciones espontáneas, como *expresiones populares* de la mejor tradición local. Queda mucho por cambiar en este ámbito. Hay que mejorar los horarios de comidas, hacer desayunos más copiosos en lugar del tradicional *café bebido*, comer menos cantidad de alimentos y más variados, y cuando salimos a cenar con nuestra gente, poder disfrutar realmente del encuentro y la posterior sobremesa. Pero, lamentablemente, este cambio solo ocurrirá cuando modifiquemos nuestra forma de pensar colectiva sobre el estilo de alimentación que seguimos. Cuando comprendamos que lo importante no es comer mas, sino disfrutar de los detalles pequeños que tenemos a nuestro alrededor, aprovechándolos de manera inteligente. En el ámbito empresarial, unos directivos sensibles y decididos pueden hacer mucho para mejorar las condiciones de alimentación de su personal, creando nuevos servicios, mejorando la calidad de los existentes, o readaptando los horarios de trabajo para que las personas puedan realizar sus cometidos en las mejores condiciones posibles.

EL TESORO MÁS VALIOSO

Si fuéramos capaces de trabajar en serio en auténticos equipos de trabajo nos comeríamos la mayoría de los mercados. Pero los españoles somos envidiosos, no nos alegramos del éxito ajeno, y en lugar de compartir con el compañero la alegría del *invento* que se le acaba de ocurrir lo criticamos, porque en el fondo desearíamos haberlo hecho nosotros. El resultado de estos comportamientos organizacionales destructivos es el estancamiento creativo y la mediocridad. Nadie inventa nada por miedo a llevarse mal con los demás y a ser criticado por sobresalir más de la cuenta. Los que siempre triunfan en este sistema son los inquisidores de la tradición. Al final ni nuestras organizaciones ni nuestras sociedades avanzan, pero como llevamos tanto tiempo sumergidos en este lodazal, olvidamos que una vez fuimos grandes y geniales. A pesar de estos insidiosos fantasmas que tanto daño nos hacen, el mundo hispano-americano es profundamente creativo e ingenioso. El problema que padecemos es que no conseguimos canalizar adecuadamente, en grupo, esa energía que poseemos a raudales. En lugar de ponerla al servicio de la colectividad laboral, en la que pasamos la mayor parte de nuestra vida, la proyectamos en otras direcciones más individualistas. Pero el día que pongamos a disposición de los demás nuestra pasión creadora sin recelos y seamos capaces de disfrutar *los éxitos ajenos* como propios, estaremos ante una revolución sin precedentes en nuestras organizaciones. Cuando lo pensamos fríamente nos damos cuenta que podríamos hacer una gran cantidad de cosas buenas juntos si quisiéramos, pero no queremos. Creemos que ello es imposible y que al trabajo solo se puede venir a *sufrir*. No le ponemos pasión a las cosas que hacemos, y no sentimos que la empresa sea algo nuestro que construimos todos los días. Al final acaba convirtiéndose en un sitio inhumano, injusto y distante, pero la responsabilidad solo es nuestra.

Si en lugar de ello pensáramos de otra forma con respecto al trabajo, este podría convertirse en algo divertido, igual que lo es hacer deporte o practicar nuestra afición favorita. Ocurre que cuando transitamos por la realidad con unos mapas mentales erróneos que nos llevan una y otra vez a tropezar en la misma piedra, deberíamos darnos cuenta de lo que nos sucede para remediarlo. Ser creativos es ponerle pasión a la vida y beberla intensamente. Ser creativos es reinventar el mundo todos los días y no dar nada por sentado, porque tenemos una infinita capacidad de experimentar, indagar, y sobre todo de *jugar*. Si fuéramos capaces de ir al trabajo con la misma ilusión con la que nos despertábamos de niños el día 6 de enero, y jugáramos con nuestras máquinas como lo hacíamos con nuestros juguetes recién estrenados, para desmontarlos y volverlos a montar una y otra vez, seguro que encontraríamos nuevas formas de hacer las cosas un poco mejor.

Vivir es reinventar el mundo todos los días, y trabajar es perfeccionarlo haciendo que funcione cada vez mejor. Pero en lugar de ello, nos movemos en una rutina asfixiante que nos desposee de nuestros mejores atributos de seres humanos y nos termina convirtiendo en prolongaciones de la maquina, o del sistema, que nosotros mismos hemos creado. Mi maestro Antonio Jiménez Oñate me enseñó que a las personas se las dirige como si fueran masas inertes que hay que arrastrar de un sitio a otro, pero que ese método ya no era válido. Entonces escribió en el rotafolios $E = mc2$ y nos explicó que cuando un electrón conseguía alcanzar el núcleo de un átomo, se produce una energía ilimitada, y que así sucedía también con las personas. Que cuando llegamos al corazón de la gente se produce una reacción en cadena incontenible. Y ese, y no otro, es el mayor tesoro que se esconde en las organizaciones, y que muy pocas son capaces de aprovechar. Necesitamos nuevas metáforas e imágenes mentales en concordancia con los conocimientos actuales que poseemos sobre las organizaciones. Si, además, hiciéramos de estas imágenes una nueva forma de vivir en sociedad con los demás seres, combinando tradición e innovación, estaríamos sembrando las bases de un nuevo orden más evolucionado que el actual.

Todos los días me pregunto por qué no damos ese pequeño salto cualitativo que nos separa de hacer las cosas en grupo un poco mejor, en lugar de hacerlas siempre igual, si todo lo que necesitamos para ello ya está dentro de nosotros o a nuestro alcance. Porque... ¿Cuánto pierden las organizaciones por la falta de coordinación interna, que ellas mismas fomentan? ¿De donde proviene el miedo de creer que si pedimos a nuestros colaboradores que sean más creativos y constructivos todo acabará mal? En definitiva, somos nosotros mismos los que creamos, con nuestra inadecuada forma de pensar, los problemas que luego nos inmovilizan.

¿COORDINARNOS... PARA QUÉ?

¿Se han parado a pensar alguna vez en cuántas noticias se publican sobre desastres e incidentes de diversa naturaleza, cuya causa es la falta de coordinación entre profesionales, departamentos o instituciones de la Administración? En la cultura empresarial latina, los individuos, tradicionalmente, enfocan su puesto como les da la gana, porque lo consideran suyo (de propiedad personal) y hacen con él lo que quieren. El individualismo es, sin duda, uno de nuestros mayores quebraderos de cabeza, por las funestas consecuencias que acarrea, pero la pasión creadora, es, por el contrario, una de nuestras mejores riquezas. En efecto, contamos con un talento especial para intuir las cosas y para apasionarnos sin mesura por los asuntos que verdaderamente nos interesan. El resultado de esta explosiva combinación, desde la perspectiva de los sistemas sociales, es el estancamiento organizativo, que se perpetúa generación tras generación, sin apenas cambios. Como la creatividad nace aleatoriamente en los individuos aislados, sin coordinación con otros, es muy difícil que los grupos en la organización puedan desarrollar y aplicar las innovaciones e ideas brillantes que surgen aisladamente, ya que no se viven como algo común, al no haberse participado en su génesis.

Es un hecho sobradamente conocido que la mayor parte del tiempo en nuestro trabajo, actuamos de forma personalista y poco grupal, porque nos falta "algo". Pero lo peor es cuando nos pica la avispa de la envidia. Entonces se nos mete en el cuerpo el veneno de la arrogancia torera y decidimos hacer las cosas mal, simplemente para dar salida a nuestra mala leche celtibérica. Miramos al tendido, tiramos a la arena los trastos con dignidad y rematamos la faena diciendo: *"¡Ahí queda eso, y el que venga detrás que arree!"*

Tanto en los espacios públicos, como en el mobiliario urbano de nuestros pueblos y ciudades, podemos observar como a los pocos meses de la inauguración de un flamante jardín este aparece destrozado o sin columpios ni juegos infantiles. Como en las culturas hispanas lo *común* no es de nadie, cualquiera puede mear impunemente en la primera esquina que encuentre, o destrozar el banco de un parque sin que le pase nada, y sin que nadie le reproche su comportamiento salvaje y antisocial. No ocurre lo mismo en nuestra casa, ya que lo que consideramos propio lo cuidamos con exquisita delicadeza. Pero como carecemos de mecanismos que nos hagan valorar la utilidad de los bienes colectivos, no terminamos de aprender nunca la importancia que tienen las realizaciones colectivas y los espacios de uso común. En lugar de ello, cultivamos un individualismo egoísta y miope, que en muchos casos lleva a la miseria espiritual.

¿Por qué en Suiza o en Alemania, por citar sólo dos países, a nadie se le ocurre tirar papeles en la calle, con la consiguiente limpieza de zonas públicas que esto conlleva? Nosotros como no respetamos lo público, porque no lo consideramos nuestro, no necesitamos coordinar nuestros esfuerzos de conservación, limpieza y mantenimiento para que las calles estén bonitas, porque no es asunto nuestro lo que pase en ellas. Es posible que, si alguna vez nos pusiéramos a trabajar en serio en el cuidado colectivo, consiguiéramos ser los mejores, pero hoy por hoy no somos más que una sociedad a medio integrar, en las que pululan a sus anchas sujetos individualistas y asociales, desentendidos de la realidad comunitaria que les rodea.

Algo similar sucede en las organizaciones laborales. Nos ocupamos de nuestra nómina mensual, de nuestra actividad y de nuestra promoción, en relación con los compañeros. Y sólo, muy de vez en cuando, echamos un ojo a otras cosas de nuestro alrededor. Tenemos tan arraigadas estas formas de pensar, que las expresamos de diversas maneras en el lenguaje coloquial: *". .A mí me da igual lo que tú hagas, . .no es mi problema". "Esto no hay quien lo arregle", o "No merece la pena calentarse la cabeza por estas cosas, porque todo seguirá siempre igual".*

Y claro que todo sigue igual. Sigue así desde que Isabel y Fernando tomaron Granada, y sigue igual desde que Colón volvió encadenado de su Cuarto Viaje; porque de tanto repetir y repetir las mismas muletillas, éstas se terminan haciendo realidad. Pero dichas creencias no se adueñan de nuestras sociedades por un determinismo genético inexorable; se hacen realidad porque hemos permitido que se instalen en nuestro pensamiento colectivo, y las hemos alimentado desde hace siglos, como si el tiempo y la historia no nos hubieran enseñado hacia dónde nos lleva una visión tan nefasta. Algunas personas, cuando se las invita a cambiar algún comportamiento inadecuado de su repertorio de conductas, se niegan muy serias: *"¡Es que yo soy así, oiga!"*. Lo que significa que en el pasado se han comportado siempre de esa guisa, que en el presente sigue igual, y, sobre todo, que en el futuro nada cambiará jamás en él, ya que la profecía de la negación de su cambio seguirá vigente hasta el final de los tiempos. Y es que el pensamiento automático, los hábitos y las rutinas, nos ponen innumerables trampas en las que caemos. Si comprendiéramos con la cabeza y el corazón, simultáneamente, que la realidad comunitaria es algo que construimos con nuestros sueños y nuestro trabajo coordinado, y que la mejora colectiva es posible, ¿por qué no podríamos ser capaces de planificar inteligentemente nuestro futuro común, diseñando organizaciones más eficientes, o, lo que es lo mismo, trabajando en equipos inteligentes y bien coordinados?

En principio, bastaría con que sustituyéramos nuestras viejas cartas de navegación, que, en nuestro caso, datan de los tiempos de Juan de la Cosa, por otras más actualizadas. Si creyéramos en serio que es posible alcanzar un desarrollo personal y organizativo continuo, haciendo las cosas bien a la primera, el resto sería fácil. Bastan unas cuantas tazas de café y admitir que nos equivocamos de vez en cuando. Lo peor de todo es persistir en nuestros errores, a sabiendas, no admitir las sugerencias ajenas, y negarnos a coordinar nuestro trabajo con el de los demás.

CAPÍTULO .05

El Árbol De La Infamia

Creció en mi frente un árbol.
Creció hacia dentro.
Sus raíces son venas,
nervios sus ramas,
sus confusos follajes pensamientos.
Tus miradas lo encienden
y sus frutos de sombras
son naranjas de sangre,
son granadas de lumbre.
Amanece
en la noche del cuerpo.
Allá adentro, en mi frente,
el árbol habla.
Acércate, ¿lo oyes?

Octavio Paz

En la primavera de 1391 el clérigo de Écija Fernando Martínez llevaba varios años predicando de plaza en plaza contra la minoría de judíos que vivían pacíficamente en Sevilla desde su conquista en 1248 por el Rey Fernando III. La Corona de Castilla había respetado el derecho de hebreos y musulmanes al libre culto de sus respectivas religiones en mezquitas y sinagogas, así como a sus actividades artesanales y comerciales, pero el fanatismo religioso de un sector del clero soliviantaba los ánimos populares contra los judíos, bajo la apariencia de fervor religioso, tras el que se disimulaba la ambición por apoderarse de los bienes de aquella prospera comunidad.

Ya hacía varios años que el Arzobispo de Sevilla y el propio Rey le habían pedido, sin éxito, a este siniestro personaje que moderara las arengas antijudías que pronunciaba en diversas poblaciones, y en marzo -por fin-consiguió en Sevilla su primer conato de motín, saqueándose algunas tiendas de la Judería y maltratando algunos habitantes sin mayores consecuencias, gracias a la inmediata intervención del Alguacil Mayor D. Álvar Pérez de Guzmán y a los dos alcaldes mayores de la ciudad, que sofocaron la revuelta deteniendo a los alborotadores, a los que condenaron a azotes.

POGROMO EN NOMBRE DE LA FE

Pero la locura del clérigo creció ante el éxito conseguido y subió el tono de sus predicaciones, asegurando que la muerte de los judíos era una acción piadosa y grata al cielo que no desagradaría ni al Rey ni a la Reina, porque como Capellán de esta conocía el sentir de los monarcas. Y por segunda vez, el pueblo volvió a entrar en el Barrio Judío saqueando las tiendas y apaleando e hiriendo a los hebreos que encontraron a su paso. El ataque fue tan virulento que el Alguacil Mayor, no disponiendo de fuerzas suficientes para contenerlo, solicitó ayuda a los nobles sevillanos, que enviaron numerosos lacayos armados, escuderos y hombres de armas, consiguiendo reprimir -a duras penas-la furia popular; pero al coste de tener que ofrecer el perdón de los condenados a azotes del primer motín.

Lejos de disminuir, las arengas del Arcediano adquirieron tintes apocalípticos, lo que sumado al indulto concedido, hicieron que las llamas de la rapiña y el odio, tan sañudamente sembrado, prendieran definitivamente en los sevillanos y finalmente el 6 de junio de 1391 al grito de *muerte a los judíos* ya no hubo manera de contener el apocalipsis de sangre y destrucción que como un rayo fulminó la Judería de Sevilla. Ese día tuvo lugar uno de los más espantosos pogromos que se conocen, acabando con la vida de unas 4.000 personas, de un barrio que contaba con una población superior a 5.000 vecinos. Cuando las masas enloquecidas se hicieron dueñas de las calles, saquearon y asesinaron con cuchillos, dagas y herramientas a hombres, mujeres y niños, en plazas, casas y sinagogas, sin piedad alguna para nadie y a lo largo de todo el día. La sangre de tantos inocentes tiñó de rojo las calles, empapando piedras y desagües, mientras los gritos de dolor de los agonizantes se alzaban hacia el cielo pidiendo clemencia y justicia, en un alarido que rasgó el tiempo y aún llega hasta nosotros. Luego cayó la noche y el espanto se adueñó de unas calles y unas plazas salpicadas de cadáveres destrozados, iluminados por el resplandor de las llamas.

Sólo se salvaron las pocas familias que tras los iniciales alborotos huyeron de Sevilla con la intención de volver cuando todo se hubiera calmado. Y aunque consiguieron reconstruir sus tiendas y casas, ya nunca más hubo una Judería en Sevilla como la destruida, pasando dos de las tres sinagogas existentes a lo que hoy son las parroquias de Santa María de las Nieves y Santa Cruz (De Mena, 1991). El latigazo del pogromo de Sevilla restalló como un trueno en toda Castilla, contagiando de odio y miedo a unos y otros. Los sucesos de Híspalis se repetirían días después como un eco siniestro en las ciudades de Córdoba, Andújar, Montoro, Jaén, Úbeda, Baeza, Ciudad Real, Cuenca, Huete, Escalona, Madrid, Toledo y Burgos. El fuego de muerte alcanzó también al Reino de Aragón, pero se tomaron precauciones para contenerlo y el furor asesino fue disminuyendo hasta extinguirse.

¿Cuántas personas fueron masacradas en aquella primavera y verano de 1391? Es imposible dar una respuesta, siquiera aproximada, porque este genocidio se ha tratado de silenciar y poco se ha escrito sobre las matanzas que ocurrieron en tantas ciudades, aunque podemos suponer que los disturbios fueron similares a los de Sevilla.

¿Cómo hay que situarse ante el hecho de que los vecinos de una ciudad pacífica, con una acreditada tradición de interculturalidad, convivencia y rico comercio, sin mediar provocación, en época de paz, y sin que la ciudad estuviera asediada, masacren a los habitantes de un barrio entero, roben sus bienes y destruyan todo lo que encuentran a su paso? Porque nos encontramos ante un comportamiento de masas que no es posible minimizar ni silenciar, y menos aún justificar argumentando que las circunstancias que se dieron en Sevilla fueron únicas. Si así hubiera sido ¿por qué los pogromos se repitieron en 13 ciudades más durante los siguientes meses?

No se puede rebajar la importancia de estos sucesos, porque en ellos participó la mayoría de la población civil de la ciudad, ni argumentar que se actuó por *mandato divino* en un intento por diluir responsabilidades. Si así hubiera sido ¿se responsabilizó el Arzobispo de Sevilla de las muertes? Difícilmente, porque conocemos su postura contraria a las arengas que se daban. Sin embargo, había un sector de la Iglesia al que molestaba sobremanera convivir con otras religiones y etnias en plano de igualdad. También se sabe que cuando el joven Rey Enrique III llegó a la mayoría de edad, no tardó en procesar y encarcelar a Fernando Martínez e imponer una cuantiosa multa al vecindario de Sevilla y a su Ayuntamiento por la destrucción de la Judería. Multa que tardarían en pagar más de diez años, pero para entonces, las ansias genocidas ya se había propagado por todas partes.

En España se ha pasado de puntillas sobre estos sucesos, a pesar de su gravedad, posiblemente por el sentimiento de culpabilidad y vergüenza que produce todo crimen contra la humanidad. Pero esta historia no termina con el pago de una multa y el encarcelamiento del instigador, sino que se va a complicar de manera inimaginable con el paso del tiempo, llegando su oleaje hasta nuestros días. Pero antes de entrar en detalles, retrocedamos en el tiempo para situar algunos hechos importantes.

OCHO SIGLOS DE CONVIVENCIA RELIGIOSA

Después de la aniquilación de Israel por las legiones romanas, muchas comunidades judías se instalaron en la península Ibérica y otras zonas del Mediterráneo, a partir del siglo I, donde convivieron pacíficamente, primero con los pueblos autóctonos y después con cristianos y musulmanes, a lo largo de la Alta Edad Media.

El nivel de cooperación y respeto que se consiguió fue tal que los reyes cristianos peninsulares lo eran siempre de las tres religiones simultáneamente; tradición que se mantuvo hasta finales del siglo XV cuando los Reyes Católicos rompieron ese pacto no escrito, que engarzaba a la Corona con judíos, musulmanes y cristianos.

Es a partir del siglo X, y procedentes de Al-Andalus principalmente, cuando los judíos empezaron a tener una presencia significativa en la península, haciendo aportaciones en el desarrollo de la economía de las villas y las nacientes ciudades que crecían a buen ritmo. Alfonso VI los incorporó a la Administración de la Corona y cuando su sucesor Alfonso VII volvía victorioso en 1139 de una batalla *"los tres pueblos: cristianos, sarracenos y judíos salieron a su encuentro con laúdes y cítaras, timbales y otros instrumentos entonando loas a Dios y al vencedor, cada uno en su idioma"* (Jiménez Lozano, 1982). Esto puede darnos una idea de hasta donde se llegó en aquellos siglos en materia de convivencia y respeto entre las castas de creyentes, siendo la Corona su principal defensora.

Este clima de colaboración y entendimiento dio sus mejores frutos en Toledo, donde encontramos las tres culturas y las tres religiones estrechamente unidas en la Escuela de Traductores, institución que a partir de 1125 contaría con los mejores intelectuales de Oriente y Occidente, traduciendo del árabe al romance y luego al latín, para recuperar las obras perdidas de los grandes clásicos griegos y romanos, especialmente Aristóteles. A fines del siglo XII, se produjeron los primeros saqueos y matanzas en las juderías de Toledo y León, pero fueron de escasa importancia, porque los reyes se mantenían favorables a los judíos, a pesar de que un sector fanatizado de la Iglesia insistía en su conversión, pues los acusaba de deicidio: *"Los judíos son los descendientes de los asesinos de Cristo y merecen la hoguera, pero se convertirán el día en que Cristo vuelva a la tierra para el último juicio, así que de algún modo son testigos de la verdad cristiana y puede tolerárselos vivir con una cierta misericordia. Aunque, eso sí, se les puede exigir pagos para que eviten ser quemados como es de justicia"* (Jiménez Lozano, 1982). Esto llevó a que en el reino de Aragón se creara la primera Inquisición Pontificia peninsular en 1232, paralelamente a las de Francia, Alemania, Italia, Polonia y Portugal.

Esta intolerancia religiosa, provenía de los clérigos formados en el norte de Europa, que veían como peligraba su poder sobre unos feligreses que se relacionaban libremente con musulmanes y judíos sin trabas. Entonces, al sentirse amenazados adoptaron una línea de exclusión prohibiendo todo tipo de contacto, así como comer, bañarse y rezar con islámicos y hebreos. Esto puede comprobarse en la tumba del rey que conquistó Sevilla, pues de los 4 epitafios tallados en piedra dedicados a Fernando III, sólo uno: el latino, habla de la maldad de islámicos y judíos, mientras que los otros hacen un canto a la tolerancia del soberano con cada casta. Pero no toda la Iglesia mantenía esta línea beligerante, pues existía una importante tradición de ecumenismo que hacía de los encuentros entre teólogos de distintas religiones algo habitual.

No hay que olvidar tampoco que uno de los reyes mas importantes de nuestra historia común -Alfonso X-se rodeó de intelectuales judíos de primera línea y en sus "Partidas" llama casas de oración a las sinagogas, contribuyendo a consolidar la tradición de respeto hacia las religiones reveladas -Judaísmo e Islam-en los reinos cristianos. Esta rica dinámica entre religiones, culturas y etnias se prolongaría más allá de la fatídica fecha de 1391, llegando prácticamente hasta el siglo XVI. Como ejemplo, baste decir que solo 35 años antes del Decreto de Expulsión (1492) el obispo D. Alonso de Burgos entraba en Palencia con "... *grandes fiestas y especialmente lo regocijaron los moros y judíos que eran sus vasallos; los moros con diversas danzas e invenciones; y los judíos iban en procesión cantando cosas de su ley; y detrás venía el Rabí que traía un rollo de pergamino cubierto con un paño de brocado que decían que era la Tora y el obispo hizo acatamiento como a Ley de Dios porque dicen que era la Santa Escritura del testamento viejo".*

Pero un sector contrario a la integración trabajaba a marchas forzadas y no perdía oportunidad para introducir restricciones siempre que podía. En el Sínodo de Zamora de 1313 habían conseguido aprobar que los judíos no fueran médicos de cristianos, y en 1348, a raíz de la gran mortandad de la Peste Negra, se les acusó falsamente de su propagación. Ya en fechas relativamente cercanas a los pogromos de 1391 otro factor que también influyó fue la guerra civil castellana que dio la victoria a Enrique de Trastámara sobre su hermano Pedro I. Tras la contienda aumentó la hostilidad contra los judíos y al morir el rey Juan I se creó un vacío de poder y disputas entre los grandes para organizar la regencia de su sucesor el joven Enrique III, coyuntura que aprovecharon para lanzar un ataque definitivo contra las comunidades sefarditas, al no haber en ese momento una corona fuerte que los defendiera.

ASCENSO SOCIAL DE UNA COMUNIDAD AMBICIOSA

Al no juzgarse a los culpables de 1391, dado que la mayor parte de la sociedad civil participó en las matanzas, los niveles de encanallamiento, fanatismo y perversidad moral, alcanzaron proporciones desconocidas hasta entonces. Como no se impuso la equidad sino la perversidad, se desató una tempestad de odio, envidia y rencor. A partir de entonces los valores imperantes enseñaban una lección importante a tener en cuenta y mostraban un camino a seguir: que se podía asesinar y robar impunemente y cuanto más mejor.

Pero hechos inesperados complicaron las cosas, porque tras los pogromos el terror se apoderó de las juderías españolas, que anticipaban más asesinatos. En un estado de paroxismo colectivo miles de judíos se convirtieron al Cristianismo para escapar de la muerte y poder vivir en paz; pero al ser tantos, no se pudo asimilarlos y el proceso produjo mucha confusión. La catequesis que se hizo con ellos fue nula y la liturgia apenas la entendían. Algunos se convirtieron sinceramente, a pesar de lo cual sufrían crisis de arrepentimiento, pero consiguieron integrarse en la sociedad cristiana. Sin embargo, otro sector siguió practicando en secreto la religión Mosaica, al que se terminaría denominando *judaizantes o criptojudíos*. El impacto de los judíos conversos en la sociedad civil

71

castellana y aragonesa fue enorme, porque a partir de ese momento los *nuevos cristianos* ya podían alcanzar los más elevados puestos de las instituciones del reino, ya que podían salir de las juderías y ocupar responsabilidades públicas en la administración, la justicia, las universidades, y las sedes episcopales de la Iglesia; organismos que hasta entonces tenían vedados. Algunos de los más ricos conversos se unieron a la aristocracia en matrimonio, adquiriendo muchas familias nobiliarias, a partir de entonces, la condición de judíos conversos, como por ejemplo la abuela del propio Rey Fernando El Católico, o sus ministros principales.

Pero el éxito social y profesional del nuevo colectivo también produjo conmoción y sorpresa en los niveles medios y bajos de la sociedad, y esta desató la envidia, sobre todo, en las clases humildes, que veían como los que hasta entonces estaban marginados por ser de una raza distinta, ahora se les adelantaban en casi todos los campos. Pero la envidia no se mostró de frente, sino que se disfrazó de celo religioso y se perfumó de dignidad, lo que permitió a los *cristianos viejos* canalizar y justificar su rencor, sin tener que reconocer públicamente que lo motivaba la envidia y los celos. La casta cristiano-vieja poco a poco fue ocupando un espacio sociocultural caracterizado por el uso de la intolerancia y la fuerza como argumentos básicos para resolver los problemas. Se consideraban superiores y entendían que los negocios y el trabajo productivo eran actividades inferiores, propias de moros y judíos, a los que consideraban colectivos conquistados, que se encargaban de crear la riqueza que ellos disfrutaban. Sus principales aspiraciones eran alcanzar puestos de relieve en la milicia y la iglesia, lo que les llevó a una arrogancia desproporcionada y a desconfiar de todo lo que no estuviera bajo su control directo.

ACABAR CON LA DIVERSIDAD

Así de caldeadas se estaban poniendo las cosas, cuando en 1478, aprovechando un lapsus del Papa Sixto IV el Rey Fernando de

Aragón designó a dos o tres clérigos para hacer de *inquisidores*. Cuando el Papa se dio cuenta trató de volverse atrás, pero se enzarzó en una larga disputa que finalmente ganaría el Rey de Aragón. Durante el proceso de tira y afloja pensó dar a los confesores ordinarios la facultad de perdonar pecados contra la fe, con lo cual la Inquisición que ansiaba Fernando no podría juzgar a alguien que exhibiera un perdón del que ya había sido absuelto, pero el Rey lo presionó mucho para que no lo hiciera. Finalmente, la solución a la que llegaron para hacer frente al problema de los conversos fue la de restablecer la vieja Inquisición con el nombre de *Inquisición-Nueva o Castellana*, la cual nació el 27 de septiembre de 1480, en virtud de una bula pontificia, iniciando sus funciones como primer Inquisidor General, el 2 de agosto del año siguiente, el famoso dominico Fray Tomás de Torquemada.

Solo habían transcurrido 89 años desde el pogromo de 1391, cuando en el reino de Castilla la Inquisición abrió tribunales en: Ávila, Segovia, Valladolid, Sigüenza y Medina del Campo, pero no resultó igual de fácil hacerlo en de Aragón, donde hubo una fuerte oposición, porque se recordaban las amenazas y coacciones que se habían empleado anteriormente, llegando a quemar al hereje y a demoler su casa. Pero en Castilla se desconocía esa tradición porque nunca antes había operado la Inquisición, motivo por el cual nadie se resistió a su implantación, aunque cuando se comenzó a quemar gente todos quedaron horrorizados, porque los hijos pagaban el delito de los padres, no se podía conocer al que acusaba, ni había confrontación, ni testigos, y el proceso se hacía en secreto. Todo lo contrario de la tradición de los tribunales castellanos. No entendían que los pecados de fe se castigaran con la muerte, o que se pudiera quitar la vida a alguien simplemente por pertenecer a otra raza. Hizo falta un largo proceso de envilecimiento colectivo a base de mucho terror para que la población se acostumbrara a la nueva situación.

El objetivo inicial de la Inquisición eran los conversos, a los que atacó con saña y sin descanso, no respetando ni a confesores de la reina (Hernando de Talavera, Carranza) ni a obispos (Segovia, Calahorra, etc.). Más del medio millón de descendientes de conversos se convirtieron de la noche a la mañana en sospechosos. Una de las primeras actuaciones de la Inquisición tuvo lugar en Sevilla, donde había una de las comunidades de conversos más prosperas y numerosas del reino. Y así, el 6 de febrero de 1481 se quemaba públicamente en *Auto de Fe*, en el Prado de San Sebastián, a Diego Susón, uno de los hombres más ricos de la ciudad, pero tras su ejecución se escondían oscuros ajustes de cuentas entre los arrendadores conversos y la antigua nobleza que gozaba de privilegios fiscales de la Corona (Eslava Galán, 1994).

La Inquisición reprimía la reincidencia de los conversos en sus antiguas prácticas religiosas, lo que según el Derecho Canónico no es herejía exactamente, sino apostasía o abandono de la fe cristiana. En cualquier caso, emplearon la tortura, apelando al derecho imperial romano, quedando definida la ortodoxia cristiana, a partir de ese momento, por la sangre y los comportamientos socioculturales, de modo que si una conversión no iba acompañaba de los hábitos culturales cristianos de la época, con abandono total de los modos hebraicos e islámicos, era sospechosa.

Por tal motivo, judaizar podía ser observar la Pascua del Yom Kippur en septiembre, o la fiesta del Sukkot, adornando un patio con ramaje, o guisar con aceite en vez de manteca, o dejar candiles encendidos por la noche (sobre todo los viernes), o madrugar los domingos para ir a la huerta, o echar un poco de masa al horno antes de cocer el pan. Judaizar podía ser practicar un oficio útil o sentir desasosiego intelectual, ejercer la medicina o "andar con libros", o simplemente no venir de linaje de labradores, sin olvidar que la ciencia se tomaba como un signo de poca cristiandad.

La Inquisición castigaba a todo judaizante para tratar de unificar cultural y políticamente la sociedad, mientras conseguía cuantiosos beneficios económicos de las propiedades que incautaba. Tuvieron tanto éxito y en tan poco tiempo, que se dieron cuenta que no les bastaban los conversos y que era necesario ir a por los judíos que vivían en muchos pueblos y ciudades de Castilla y Aragón. Transcurridos tan solo 12 años desde la creación de la Inquisición, convencieron a los reyes Fernando e Isabel para que a los sefarditas se les dieran dos opciones: *convertirse o salir del país*, ya que no tenía sentido castigar a los conversos judaizantes, mientras se dejaba impunes a los judíos que practicaban su religión abiertamente.

¿RAZON O TRAICION DE ESTADO?

Los Reyes Católicos tuvieron que competir con una aristocracia fuerte y enfrentada entre sí, prácticamente en guerra civil desde hacia muchos años. Para mantenerlos ocupados se les ocurrió iniciar una guerra de conquista contra el reino de Granada, lo que les dejaba las manos libres para enfrentarse a los conversos, que junto a los judíos declarados, eran los que mas entorpecían su política de debilitamiento de las grandes familias nobiliarias, que competían con la propia Corona. En las distintas regiones de los dos reinos había mucha mezcolanza étnica: íberos, celtas, judíos, godos, árabes, eslavos, bereberes, etc., y no siempre la convivencia era todo lo pacífica que debía; por ello recurrieron a la unificación religiosa, pensando que con ella se resolverían muchos de los problemas de integración a los que se enfrentaban (Eslava Galán, 2004).

Después de muchas dudas, presiones y contrapresiones, se inclinaron por promulgar el Decreto que El Santo Oficio tanto les demandaba; y al hacerlo, posiblemente cometieron el mayor error de su reinado. El 31 de marzo de 1492 dictaban un Decreto Real para que en un plazo de 4 meses los judíos se convirtiesen o abandonaran los reinos de Castilla y Aragón. Se estima que entre 50.000 y 150.000 sefarditas malvendieron sus propiedades y salieron para no volver nunca más a los lugares en los que habían vivido durante siglos. Las escenas en los cementerios judíos despidiéndose de sus antepasados fueron desoladoras en palabras de los cristianos que las presenciaron, y este "Éxodo de Sefarad" es para los judíos una de sus "experiencias fundantes" en las que se preguntan por el Dios que los sacó de Israel y que ahora les abandona en manos del mundo cristiano. Pero sus vecinos cristianos que durante tantas generaciones habían convivido con ellos, tampoco entendían las razones de esa expulsión, a pesar de que ya se les había lavado el cerebro para que les espiaran e incendiaran sus sinagogas a la menor oportunidad.

Será tras la expulsión cuando las calles se llenarán de oídos que todo lo "oyen" y ojos que todo lo "ven", y esta pléyade de chivatos envalentonados crecerá exponencialmente y se atreverán a enfrentarse sin ningún pudor a figuras de la talla de Fray Luís o Santa Teresa y a muchos profesores de las grandes universidades españolas, a los que perseguirán, encarcelarán y torturarán sin descanso.

La locura llegaba de nuevo a toda la sociedad, y desde ese momento cualquier aldeana podía ser denunciada por sonreír en una predicación, o por llamar a las gallinas al modo castellano "pío, pío" o "pitas, pitas", porque podía ser considerada antipapista. Se cuidaban los gestos al máximo y los conversos procuraban no llamar la atención. Como consecuencia de este clima la creación intelectual siguió una simbología deslumbrante, que enmascaraba actitudes de miedo, recelo, desasosiego y angustia. Se desató una obsesión enfermiza por unificar y homogeneizar todas las manifestaciones de pensamiento, tanto en la metrópoli como en las colonias del Nuevo Mundo, levantando, frente a las iglesias evangélicas reformadas del norte de Europa la muralla de la Contrarreforma, que cerró las fronteras a los libros, las ideas y, sobre todo, a la nueva ciencia, cortando así la influencia europea, a la que tan estrechamente habían estado vinculados los reinos peninsulares hasta entonces.

Los judíos españoles eran muy conocidos por su capacidad económica e intelectual, y habían contribuido de manera notable a desarrollar la economía y las finanzas del Estado, como lo demostraba el hecho de que Luís de Santángel financiara una parte del Primer

Viaje de Colón. Pero la expulsión los obligó a poner su capacidad financiera al servicio de los países que mejor los acogieron: Turquía, Holanda e Inglaterra; ayudándolos a combatir a la patria que los acababa de traicionar. Los productos manufacturados sefarditas y su próspera artesanía desaparecieron del mercado nacional, teniendo que comprarse fuera y a elevados precios lo que hasta entonces se tenía en casa y a precios asequibles.

La expulsión de las comunidades sefarditas y más tarde las moriscas, acabó con la rica tradición de interculturalidad que había florecido en la península Ibérica durante siglos, sustituyéndose por un tipo de pensamiento único y excluyente impuesto a sangre y fuego contra cualquier desviación religiosa, ideológica o social; recurriéndose al terror y a la tortura para conseguirlo durante más de 300 años.

Estos crueles métodos de persecución tuvieron estremecedoras consecuencias, especialmente en el caso de la aristocracia conversa, a la que el propio rey Fernando pertenecía y muchos de sus ministros, lo que les obligó a comprar un silencio que olvidara sus orígenes familiares, destruyendo de paso todos los indicios que les delataban. Como corrían el riesgo de perder los puestos que ocupaban si se les acusaba formalmente idearon una compleja trama que incluía encubrimientos y delación de otras familias de conversos, que duró más tiempo del que cabe imaginar. En este clima de hostilidad larvada, las personas que se sentían en peligro desarrollaron un dogmatismo religioso exagerado, lo que las llevó, en muchos casos, a ingresar en la Inquisición. Pero también se establecieron pactos de silencio entre muchas familias conversas, creándose una red en la que "mi secreto queda guardado por tu secreto, y mi seguridad protege tu seguridad".

No se sabe cuantos judeoconversos consiguieron finalmente incorporarse a la sociedad, pero es posible que su número sea muy superior al que se ha supuesto, porque al disponer de abundantes medios y recursos consiguieron ponerse a salvo. Ello explicaría que los peores odios y enemistades entre familias fueran, precisamente, los de otros conversos conocedores del secreto que tan bien habían ocultado, sobre todo si tenían pruebas para demostrarlo. De ser así, muchos conflictos políticos, posteriores a la expulsión, habría que interpretarlos bajo la luz de esta clave.

Por otra parte, estos acontecimientos apuntan a que la fusión racial que se produjo en los reinos hispánicos entre los descendientes de los sefarditas y la población cristiana es una de las mayores del mundo. Por ello y a pesar de que los judíos raramente se han mezclado con otras comunidades a lo largo de su dilatada historia, en el caso español nos encontramos ante una excepción. La sabiduría popular siempre ha sabido que nuestra sociedad tiene una importante presencia de rasgos judíos.

ESPIONAJE Y TERROR

Resulta difícil comprender como la Inquisición consiguió mantenerse tanto tiempo operativa, si tenemos en cuenta que cinco décadas después de su creación ya había cumplido sus objetivos de acabar con la comunidad conversa. *Pero en lugar de disolverla, la Iglesia la utilizó para perseguir luteranos, bígamos, sodomitas, blasfemos, hechiceros, etc.*, y también sirvió como bastión defensivo del Estado, contra enemigos internos y externos, siguiendo una política que debilitó la economía de Castilla y Aragón, al no fomentarse la iniciativa ni la asunción de riesgos, a causa de una ortodoxia excluyente que dominó todos los ámbitos de la sociedad.

La Inquisición era profundamente perversa, porque el acusador y el juez eran la misma persona, el acusado ignoraba quien le había denunciado ni los cargos que se le imputaban. Y con el pretexto de orientarlo para salvar su alma se le perseguía, arruinaba, y, en muchos casos, se le condenaba a muerte (Eslava Galán, 2004). Se estima que llegaron a ejecutarse unas 25.000 personas, empleándose la tortura y la hoguera sin ningún reparo. En los primeros años (hasta 1530) los tribunales inquisitoriales quemaron hasta un 40% de los procesados, reduciéndose después esta cantidad hasta un 3% como máximo.

La Inquisición se abolió en 1833, por lo que estuvo activa 355 años (1478 – 1833). Los recuerdos y el impacto que dejó en la memoria colectiva y en la forma de pensar de nuestra sociedad todavía están vivos en muchos ámbitos. En algunas ciudades aún se conserva el término *Quemadero* que designa el lugar donde se quemaban públicamente a los herejes, normalmente a las afueras de la población para alejar el desagradable olor a carne quemada que se mantenía durante varios días. Pero el odio y la envidia, fomentados desde los más altos poderes del estado, constituyen su principal herencia. A finales del siglo XV España estaba a la cabeza de la ciencia que se hacía en Europa. En la universidad de Salamanca se explicaba el Sistema Copernicano, cuando algunas universidades europeas todavía lo consideraban herético. Pero la Inquisición amordazó la creación intelectual de sus mejores investigadores, cerrando las fronteras a las nuevas corrientes científicas e intelectuales que provenían del norte. Desde 1560 los organismos oficiales exigían estatutos de limpieza de sangre para poder acceder a cargos públicos, que expedía la Inquisición con este texto… *"que los ascendientes del solicitante no han sido judíos ni moros ni nuevamente convertidos ni quemados ni reconciliados ni afrentados por el Santo Oficio, sino antes han sido y son muy buenos cristianos temerosos de Dios."* . Así los incompetentes obtenían puestos sobre los inteligentes si estos eran descendientes de conversos, y de esta forma, más la emigración a las colonias americanas, se fueron malogrando y perdiendo muchos talentos cuando más falta hacían.

Y mientras en Inglaterra se producían descubrimientos fundamentales en la naciente ciencia experimental, España se sumía en una guerra contra sí misma, en un desesperado intento de acabar con la libertad y la diversidad de su población. Se enseñó a la gente a desconfiar y envidiar al *otro*. Es decir, al que simplemente era diferente, al que no cumplía con las normas establecidas, o, simplemente, al que tenía éxito en los negocios. La mediocridad terminó por imponerse y en lugar de respetar a las etnias con las que se había convivido durante siglos, se desataba una tempestad colectiva de envidia, celos y desconfianza de *todos contra todos,* que acabó con un legado cultural de incalculable valor.

La Inquisición impartía cursillos intensivos en los que se enseñaba a la gente a detectar desviaciones en los demás y a espiarlos en busca de posibles faltas. Al detenido se le incomunicaba en un calabozo y se le pedía que hiciera una lista de sus enemigos para comprobar si figuraba en ella alguno de sus delatores, lo que demostraría que el móvil de estos sería la venganza y no la desinteresada defensa de la fe. Pero los peores enemigos podían ser amigos envidiosos, familiares interesados, o vecinos cercanos. Si tras la incautación de los bienes el acusado conseguía salir absuelto por ser inocente, no sólo no le pedían disculpas sino que lo reñían y amonestaban por haber dado motivo de sospechas. Por tanto, nadie salía indemne de la Inquisición: *"Si no te queman te chamuscan",* decía un proverbio popular.

CÁRCEL PARA EL CONFESOR DE LA REINA

Un caso llama poderosamente nuestra atención, porque siendo el acusado inocente no consiguió la libertad, a pesar de ser Arzobispo, exconfesor de la Reina María Tudor de Inglaterra y depender directamente del Papa de Roma. Se trata del Proceso Carranza.

Los inquisidores querían que los acusados hiciera una declaración voluntaria y completa, a la que imponía penas espirituales, físicas o financieras, valiéndose de figuras famosas para sembrar el miedo y acobardar a la población. Pero no siempre conseguían lo que querían, como sucedió con el Arzobispo Carranza, uno de los teólogos más prestigiosos de su tiempo. Carlos V le tenía gran estima y Felipe II lo designó Confesor de su esposa María Tudor, Reina de Inglaterra. Después fue nombrado Arzobispo de Toledo. El año de su detención (1558) había publicado un *Catecismo Cristiano* en Ámsterdam, el cual tenía, al parecer, influencias erasmistas. La Inquisición lo detuvo acusado de hereje luterano. Pero había un pequeño problema, porque el Derecho Canónico establecía que la Inquisición no tenía jurisdicción sobre los obispos, pues estos dependían directamente del Papa. Pero, el Inquisidor General, Fernando Valdés, persuadió a Felipe II para que procesara a su antiguo protegido, si quería desarraigar la herejía protestante de Valladolid. Así lo hizo y por ello se enfrentó al Papa.

El proceso Carranza duró 17 años y alcanzó 40.000 folios, declarando libre de error su Catecismo una comisión del Concilio de Trento. El Rey y la Inquisición Española, a pesar de eso, se opusieron a que el proceso llegara a la Jurisdicción Pontificia, manteniendo preso e incomunicado a Carranza, pues su absolución por el Papa equivaldría a la condena de la Inquisición Española. Cuando el recién nombrado Pío V ordenó que se trasladara a Carranza a Roma y anunció que si se le desobedecía pondría en entredicho el Reino, Felipe II finalmente cedió, Valdés dejó el cargo y la Inquisición soltó su presa.

Carranza ingresó en la prisión romana de Sant Ángelo y el Tribunal que lo juzgó lo declaró inocente de las 30 calificaciones heréticas de la Inquisición Española, pero entonces Pío V falleció y el nuevo Papa, siguiendo las consignas de Felipe II, demoró la sentencia y le suspendió del cargo de Arzobispo de Toledo durante 5 años, falleciendo Carranza entonces (Eslava Galán, 1994).

UN PRESENTE INCIERTO

La intolerancia no es una seña de identidad que nos haya definido siempre en nuestra historia, porque durante muchos siglos se respetaron religiones y costumbres de los diversos pueblos que dejaron su sello entre nosotros, tanto de Oriente como de Occidente. Es cierto que a partir de un momento concreto el fundamentalismo barrió la diversidad cultural y religiosa, pero la amarga cosecha de este árbol ya la conocemos, y sabemos que esa fruta no sirve a las sociedades que quieren crecer y desarrollarse en paz. Hay que buscar, por tanto, nuevas alternativas. Hemos visto que cuando los errores no se corrigen a tiempo y se reincide en ellos, al final todo encuentra su contraparte, porque hay una ley natural *causa-efecto* que rige todos los acontecimientos. ¿Son estos sucesos agua pasada que ya no nos afectan? ¿Habrá algún trauma en nuestro inconsciente colectivo que deba ser tratado? ¿Sufrimos una especie de amnesia lacunar colectiva que nos impide saber quienes somos y quienes fuimos, desdibujando nuestra identidad presente? Tenemos que liberarnos de muchas mordazas que nos inmovilizan, y para ello hay que erradicar muchas creencias disfuncionales de nuestro pensamiento. Porque cuando zanjamos las discusiones diciendo: *"¡Somos como somos!"* pretendemos volver una y otra vez a una especie de estado mágico que perpetúa un sueño congelado y estático: el sueño de quienes somos. Un sueño que no nos deja usar la razón, la crítica, ni ambicionar empresas colectivas importantes.

Cuando alguien alude a la "deuda histórica" heredada de nuestros antepasados para con musulmanes y judíos, automáticamente la negamos sin pestañear. Así nos han enseñado a responder. Luego disfrazamos nuestro racismo e intolerancia con tópicos más o menos bienintencionados, alegando que nuestro pueblo es el resultado de muchas civilizaciones que han pasado por aquí. Pero los demonios familiares siguen ahí y nos llevan una y otra vez a envidiar y a negar al *otro*, como en los viejos tiempos, solo porque es diferente. Nos sigue costando respetar a los demás, porque la "sospecha" es omnipresente en nuestro universo cultural, como si el tiempo se hubiera detenido y viviéramos para siempre en el hechizo de la fascinación inquisitorial, que nos prohíbe mirar, reconocer, tolerar y perdonar a nuestros competidores, y mucho menos alegrarnos de sus éxitos, como si fueran los nuestros propios.

Tal vez llevemos en nuestra memoria de grupo una especie de *im-*

plante que nos vuelve celosos, intolerantes e irascibles con todo lo que parece diferente. O a lo mejor es que nos alimentamos sin saberlo de la fruta del *árbol de la infamia,* aquel que apareció en nuestra historia en la desdichada primavera de 1391 y que desde entonces no ha dejado de producir frutos venenosos y amargos, cosecha tras cosecha, gracias a las atenciones y cuidados de sus hortelanos más devotos.

CAPÍTULO .06

Cuchillos Sin Filo Y Grifos Sin Agua

"Nadie ofrece tanto como el que no va a cumplir."

Francisco Quevedo

Vivimos rodeados de objetos *inútiles* y de servicios que no funcionan bien. Cuando nos reunimos algunos amigos en el restaurante del barrio para pasar una velada agradable, las cosas con frecuencia se nos ponen difíciles por el humo, el bullicio de la gente, los camareros corriendo y algunos niños jugando al escondite entre las mesas. Al cabo de un rato terminamos gritándonos unos a otros para poder hablar, porque nos enteramos de la conversación de los vecinos de mesa pero no escuchamos bien al amigo que tenemos enfrente. Es en ese momento cuando uno se da cuenta de lo bien que podríamos estar en la cocina de casa, preparando unos huevos fritos con patatas, ante una botella recién descorchada de tinto de Toro. Si en el postre intentas cortar la naranja con el cuchillo de postre que te han puesto, descubres que es imposible porque carece de filo. Por tanto, tienes que pelarla a mano, mientras contemplas incrédulo el cuchillo una y otra vez -obra maestra del diseño industrial de nuestros días-, y te surgen algunos interrogantes. ¿Para que se fabricarán cuchillos como éste, que no sirven para nada? ¿Han intentado ustedes cortar un trozo de melón o de sandía con esos utensilios alguna vez?

¿Recuerdan como acabaron?: en el lavabo y con la ropa sucia. Entonces ¿Quién los encarga y para qué? ¿Qué empresas los fabrican? ¿Qué ingenieros los diseñan?

Y es que hay dispositivos que usamos a diario, que se supone que están ahí para hacernos la vida fácil y agradable, pero que ni funcionan ni cumplen el cometido para el cual se crearon, complicándonos la vida, porque pagamos por ellos un servicio que no recibimos, lo que a fin de cuentas constituye un fraude. Pero estos problemas no suceden únicamente en los restaurantes, acaecen también en otros muchos momentos y lugares, pero como estamos habituados a recibir constantemente servicios deficientes, apenas si nos damos cuenta. Para salir de esta espiral de chapuzas e insensibilidad, necesitamos ir incorporando una nueva conciencia ciudadana, una nueva manera de ver las cosas, para mejorar. Viajar a otras regiones y países con culturas diferentes a la nuestra, donde hacen las cosas de otra manera, es una buena solución. Otra es prestar más atención a las actividades cotidianas que realizamos diariamente, sin darnos cuenta plenamente de lo que sucede. Pues bien, en esta segunda opción, voy a dar algunas pistas para que capten con más detalle lo que quiero decirles.

En las zapaterías mientras esperas a que el dependiente te traiga, desde el almacén, los diversos modelos de zapatos, no te ponen ninguna alfombra donde apoyar los pies cuando te quitas tus zapatos, por lo que debes hacerlo directamente sobre el suelo que está frío y sucio. A los de la zapatería eso no les importa nada. Te ofrecen, eso sí, un comodísimo asiento de diseño y una excelente música ambiental, pero cuando sales tienes los pies helados. ¿Es eso un buen servicio al cliente?

En los probadores de las tiendas de ropa, no siempre hay una alfombra, o moqueta, donde apoyar los pies cuando té descalzas, y escasas veces dispondrás de un pequeño asiento para sentarte con comodidad, mientras te desvistes y vuelves a vestirte. En esos probadores se está incómodo, se pasa frío, y a veces hay que tirar las prendas al suelo, cuando el único colgador disponible lo llenas enseguida de ropa. En las gasolineras de carretera, si tienes que lavarte las manos después de repostar combustible, es común que te encuentres ante un flamante lavabo, pero con la jabonera vacía. En el momento de pulsar el grifo te enfrentas a misterios insondables, pues puede pasar de todo; desde que no salga agua, a que salga tanta y tan deprisa que el chorro te salpique de arriba abajo. Otras veces, debes pulsar cada pocos segundos, porque el caudal se corta sin darte tiempo a nada, ya que el dueño ha implantado un estricto programa de ahorro de agua, con el que no contabas, y no hay manera de desenjabonarse si no pides socorro a alguien para que te apriete el grifo constantemente mientras tú terminas de lavarte. Si uno ha superado con éxito todas estas etapas, y finalmente consigue lavarse las manos, ahora surge otra dificultad no menos peliaguda: la de secarse. Porque entra en escena el invento más higiénico de los últimos años: ¡el secador de aire caliente! Ya no hay toallas, ni siquiera de papel, ahora tienes que acercar las manos a la boca de un tubo para que se active automáticamente el motor, o bien tienes que apretar un pulsador con las manos húmedas (para comprobar con alivio que esta vez no acabas electrocutado).

Pero si no hay pulsador la cosa se complica, porque una vez en marcha ya no puedes retirar las manos de la tobera de aire, porque se apaga al instante, como el grifo del dueño ahorrador. Por eso yo recomiendo no perder tiempo y "colgarse" del tubo de escape aunque te abrases, o mover brazos y manos a toda velocidad para despistar al sensor. Así, tras un buen rato de gimnasia, consigues secarte mezclando aire frío y caliente, y de paso haces ejercicios aeróbicos. Claro que si es invierno y está lloviendo, maldita la gracia que te hace descubrir que se ha roto el calentador y que el aire sale completamente helado. Desesperado entras en el servicio de Señoras buscando papel higiénico para secarte, pero compruebas que no hay. Sabes que ya no te quedan salidas, descartas ir a preguntarle al Encargado, pues te responderá que la gente se lleva el papel higiénico, y que esta misma mañana puso él último rollo que le quedaba. Por eso caes en la cuenta de que *un poco de aire fresquito sienta muy bien, pues despeja y aclara las ideas,* y si en ese momento alguien te recuerda la Teoría de la Disonancia Cognitiva de Festinger, tú alegas ignorancia.

Un truco muy eficaz, es llevar siempre una toalla limpia en el maletero del coche, que puedes usar para secarte las manos en cualquier coyuntura fortuita, o llevarla contigo bajo el brazo cuando vas a comprarte unos zapatos. Pero si en algún momento tienes una urgencia intestinal imprevista y has de usar el servicio que tengas más a mano de un establecimiento público, debes actuar en todo momento con mucha sangre fría, porque ahora si tienes un verdadero problema. En primer lugar, para localizar el interruptor de la luz, puedes emplear varios minutos, dando vueltas y vueltas por fuera y por dentro, sin localizarlo, y, a veces, tienes que reconocer tu fracaso y pedir ayuda e indicaciones técnicas al personal de la casa. Otras veces, la puerta está cerrada, y has de acercarte de nuevo a la barra, para que el camarero (con cierta reticencia) te de una llave con la que, por fin, conseguirás abrir. Una vez dentro, siempre hay sorpresas, ya que la distribución del mobiliario sanitario no siempre es el punto fuerte de estos lugares, ni tampoco su tamaño, lo que te obligará a efectuar algunas contorsiones peligrosas para llegar a tu destino, con riesgo de golpearte en alguna esquina. A veces no hay espacio material para quitarse la chaqueta, y no digamos el abrigo. Pero un atajo que algunas veces da buenos resultados (dependiendo de la solidez de los materiales), es quitarse estas prendas de pie, sobre el inodoro. Pero entonces, aparecen nuevos problemas imprevistos. ¿Dónde cuelgo ahora el abrigo y la chaqueta? Porque si alguna vez hubo algún colgador, ahora ya no está. Inicias una búsqueda frenética de salientes, ante la alternativa de tener que tirar estas prendas al suelo. Pero de repente, y con alegría, descubres que la palanca de la cadena puede ser la solución y hacía allí te encaramas gozoso con tu chaqueta. Pero atención, la innovación tecnológica ha suprimido las tradicionales cadenas "de las que se tira", por discretos pulsadores (que casi siempre funcionan peor). Si tienes la mala suerte de estar ante uno de estos modernos dispositivos, no te alarmes. Haz un paquete con el abrigo y la chaqueta. Apriétalo fuertemente con la corbata y el cinturón, y te lo pones en la cabeza, permaneciendo todo lo inmóvil que puedas, en absoluta verticalidad, para no perder el equilibrio.

Luego ya con más calma en la mesa del restaurante, podrás usar de nuevo el cuchillo del postre como espejo de mano, para peinarte un poco, porque en el servicio de Caballeros normalmente no hay espejos. Y bueno, el cuchillo cortar, lo que se dice cortar, no corta nada, pero puede servirte de espejo y para otras emergencias desconocidas. Cuando salimos con nuestros amigos a celebrar cualquier acontecimiento, o vamos de compras, pagamos sin protestar el dinero que nos piden, pero a cambio debemos recibir, como mínimo, un servicio básico. Que las sillas sean cómodas, que los cuchillos corten, que los grifos tengan agua, que te puedas secar las manos, y que se pueda mantener una conversación sin tener que gritar ¿Es esto mucho pedir? ¿Es esto un lujo caro y elitista? Y es que si se puede comer satisfactoriamente por veinte euros, en un restaurante medio, ¿por qué cuando celebramos un acontecimiento en grupo tenemos que pagan más del doble para recibir el mismo servicio, cuando la empresa consigue más beneficios con un grupo que con un individuo? La respuesta a esto y a otros ejemplos similares, es que necesitamos nuevas organizaciones que respondan mejor a nuestras necesidades vitales, tanto en la actividad profesional y en los negocios, como en nuestra vida social y cultural. Yo me conformaría, para empezar, con que nos enteráramos un poco más de lo que pasa a nuestro alrededor. Que nos diéramos cuenta de todos los cuchillos de postre que no cortan, y que usamos a diario como si sirvieran para algo. No pido que, desde mañana, exijamos el Libro de Reclamaciones por cualquier cosa que nos pase, porque todos los problemas no se resuelven protestando por un mal servicio puntual (¿o sí?). Pero en todo caso, deberíamos empezar a pensar en un plan de choque para cambiar este estado de cosas, ¿Usted en concreto que haría con los cuchillos de postre sin filo?

¿COMPROMISO, ACATAMIENTO O HUIDA?

En la organización donde trabajamos, muchas veces no estamos presentes. Solo acude a ella nuestro cuerpo. Cuando las relaciones se ponen feas, la última defensa que nos queda es largarnos de allí con viento fresco, en las alas de nuestra imaginación. Nos vamos a la playa, escalamos nuestra montaña favorita, descansamos en la habitación de un hotel, o montamos en moto o bicicleta, sin que nadie nos moleste. Si transcurrido algún tiempo las cosas no mejoran, entonces enfermamos, nos volvemos holgazanes y/o cínicos, solicitamos el traslado a otro puesto, o cambiamos de empresa si podemos. Pero este doloroso proceso de ruptura, comienza, casi siempre, de manera sutil e inadvertida. En algún momento se deteriora la confianza entre la empresa y el individuo, y el *"contrato psicológico"* que unía a ambas partes se disuelve. Se pierde el buen entendimiento, y la comunicación desaparece. Las conductas de *Huida o Abandono* (Withdrawal), permiten al individuo re-equilibrar, de alguna forma, los efectos de esta ruptura psicológica con su organización. Las conductas de Abandono que más ha estudiado la Psicología Organizacional son la *Rotación, los Retrasos y el Absentismo Laboral;* a las que podríamos añadir el *Bajo Rendimiento, el Trabajo de Mala Calidad,* e incluso los *Accidentes Laborales.* Como vemos, el menú de posibilidades es abundante.

El Absentismo es una conducta socialmente criticada, que se asocia a fraude, pérdidas económicas, falta de disciplina y mal clima laboral. Las principales coartadas tras las que los absentistas encubren su huida, son la simulación de enfermedades, y otros motivos de inasistencia al trabajo contemplados por la Ley. La impunidad con la que el absentismo fraudulento frecuentemente tiene lugar, produce un pésimo ejemplo entre los compañeros del absentista, desmotivando el buen hacer profesional del grupo, y generando importantes tensiones en el trabajo.

Pero al fin y al cabo la ausencia física al trabajo, a pesar de sus graves consecuencias, no es lo peor que puede pasar, porque de todos es sabido que cuando ciertos individuos no van al trabajo, su inasistencia, en muchos casos, puede llegar a ser beneficiosa para el rendimiento, el equilibrio y la buena marcha del grupo y la organización; ya que estos sujetos tienen portentosas capacidades para producir "desastres" inverosímiles, sin que se les pueda atribuir su autoría. Los líos que crean cuando están presentes, siempre se deben a la "mala suerte" o a la "casualidad" como todos saben. El Absentismo más pernicioso de todos es el Psicológico, porque es indetectable y, consiguientemente, imposible de cuantificar;

sufriéndolo muchos de los empleados por cuenta ajena. Aparece cuando se rompe el buen entendimiento entre la Dirección y el Individuo, al despreciar o infravalorar la primera, las aportaciones que el empleado propone. Cuando este, finalmente toma conciencia de que se le trata como a un número u objeto, que se quita y se pone a capricho, y que a la hora de la verdad no cuenta en las decisiones que le afectan en su trabajo, la ruptura está a la vuelta de la esquina.

Y cuando ésta finalmente se produce, acatamos y obedecemos lo que se nos pide. Si la empresa solo necesita de nosotros sumisión y obediencia, se la damos. Si valora mucho que pongamos buena cara y sonriamos, lo hacemos. Si se obsesiona con el horario de trabajo, podemos ser impecablemente puntuales. Pero más allá de estas elementales conductas, lo mejor de nosotros ya no lo ponemos a disposición de la empresa: nos ausentamos, convirtiéndonos en absentistas invisibles. Parece que estamos allí, pero en realidad estamos lejos. Nuestra ilusión natural por aplicar en la empresa nuestra creatividad termina desapareciendo, y poco a poco vamos desvinculando nuestro futuro del suyo.

Qué ingenuos somos al pensar que el Absentismo consiste únicamente en faltar al Puesto de Trabajo. Porque vamos a ver... ¿Para qué queremos que los trabajadores estén en su Puesto, si la mayor parte del tiempo no hacen lo que deben, o lo que hacen carece de coordinación? ¿Para que queremos reducir el Absentismo, si cuando acuden al trabajo hacen poquísimo en sus puestos? ¿Por qué no nos ocupamos más de mejorar el Clima Laboral y perfeccionar la Coordinación Interna? ¿Por qué los Mandos no hacen una supervisión de cada uno de sus colaboradores como es debido, para que estos puedan aplicar todo su potencial profesional y técnico, en lugar de desempeñar puestos mal diseñados con contenidos pobres o sobrecargados?

Y es que nos obsesionamos en creer que lo fundamental son las conductas observables a simple vista, en detrimento de otros procesos menos aparentes pero más importantes, como el pensamiento o el compromiso personal. Nos gusta categorizar el comportamiento humano, medirlo y jerarquizarlo por rangos de importancia; pero procediendo así nos olvidamos de lo esencial que hay en los seres humanos. Porque si prescindimos del pensamiento creativo, de las ganas de construir proyectos valiosos, de la necesidad de sentirnos útiles e importantes para otros y para nosotros mismos, dejando un legado mas allá de nuestra vida, ¿Qué nos queda?, ¿Que nos mueve a realizar un trabajo concienzudo y de calidad? ¿Sólo el dinero?

Se nos trata como animales domésticos que necesitan autoridad y disciplina. Se nos exige acatamiento y obediencia, si bien casi nunca se nos pide Compromiso e Implicación adulta. Constantemente se nos recuerda que no formamos parte del corazón del Sistema, y que somos empleados a sueldo, sustituibles por otro en cualquier momento. Y al final, de tanto ir el cántaro a la fuente... terminamos cumpliendo la profecía. La ilusión que traíamos los primeros días al trabajo ha ido reduciéndose y ya solo nos conformamos con ser disciplinados, porque, al parecer, con eso es suficiente. De esta forma asesinamos lo mejor que las personas pueden aportar a la empresa. Primero deshumanizamos las relaciones, y después descapitalizamos intelectualmente la organización, hasta reducirla a la mínima expresión posible.

Esta manera de gestionar las organizaciones laborales es tremendamente costosa y despilfarradora. Pero, además, los adultos sanos que trabajan en ellas, comprenden enseguida la inutilidad de luchar contra unos valores irracionales y unas estructuras cerradas e inmovilistas. Cuando impera este paradigma, de poco vale diseñar vistosas políticas de Formación, si, al mismo tiempo no se trata inteligente y adecuadamente a las personas, para que estas puedan implicarse en la Misión y en los Objetivos Organizacionales. Mientras sigamos considerando al Factor Humano como un mero "recurso" más, al mismo nivel que las máquinas y el patrimonio económico, no podremos decir jamás que nos encontramos ante

Organizaciones Abiertas al Cambio, y, por tanto, al Aprendizaje continuo. El Absentismo Laboral no es más que una lucecita roja que se enciende cuando algo va mal. Un parpadeo que nos advierte de ciertas disfunciones que hemos de corregir. La señal de alarma que nos pone en guardia contra lo que no funciona bien. Pero las causas que ocasionan las conductas de *Abandono* hemos de buscarlas más allá de las apariencias inmediatas, en estratos profundos del comportamiento humano. Sólo así seremos capaces de aplicar cambios que resuelvan los problemas, aprovechando las oportunidades que constantemente tenemos a nuestro alcance. Al Absentismo no solo hemos de combatirlo reduciendo sus índices estadísticos, sino también analizando otros aspectos más sutiles: ¿Están las personas donde dicen estar? ¿Quieren, y pueden, aportar sus mejores esfuerzos en la dirección adecuada? Y por ultimo... ¿Desea la empresa incorporarlos a su proyecto?

Si apostamos por trabajar en *Organizaciones Inteligentes*, habremos dado un paso decisivo, aunque al principio no sepamos muy bien como construirlas y estemos algo confusos.

¿ES POSIBLE LA CARRERA PROFESIONAL?

Son tantas las decisiones que hemos de tomar a lo largo de nuestra vida, que en algunos momentos resulta agobiante enfrentarse a tanta incertidumbre. Esto es particularmente difícil en los inicios profesionales, cuando se busca el primer trabajo, porque está todo por hacer y las posibilidades que se nos ofrecen son muy amplias. Muchos creen que acertar en la elección de la empresa es lo decisivo, y que ello condicionará todo lo demás. Los hechos, sin embargo, parecen demostrar lo contrario, pues no es una única decisión la que establece nuestra trayectoria profesional, sino un conjunto de ellas, tomadas a lo largo de muchas coyunturas y momentos. Según este principio, lo más importante no sería considerar en donde voy a trabajar, sino cómo voy a trabajar allí donde me encuentre: ¿Con qué actitud, con cuanto impulso, y con qué grado de convicción? Y sobre todo ¿Qué estoy dispuesto a aportar a mi empresa? En definitiva, se trata, una vez más, de responder a las tres preguntas de siempre, que valen tanto para las personas como para los equipos: ¿Quienes somos?, ¿Dónde estamos?, ¿Adónde vamos? El trabajo que desempeñemos será importante, solo en la medida que consigamos desarrollarlo con la actitud adecuada.

Para responder adecuadamente a estas interrogantes no hay mas remedio que trabajarlas a fondo, dedicándoles muchas horas, las cuales serán, sin duda, las mejor empleadas de nuestra vida, aunque serán duras, porque combinar anticipación, vocación, realización personal, esfuerzo y nuevos proyectos de trabajo a largo plazo, no es tarea fácil para nadie. La mayoría de los alumnos que cursan masters de postgrado, ponen muy mala cara cuando se les inquiere por su Plan de Carrera Profesional, alegando que "eso no sirve para nada" y que es "una pérdida de tiempo". Pero si se fuerza un poco más la discusión, tras las posturas iniciales, terminan emergiendo algunas de las creencias más arraigadas de nuestra cultura: *"Planificar no sirve de nada". "Aquí no planifica nadie". "Anticiparse a los acontecimientos es imposible". "Lo mejor es tomar las cosas como vienen, e improvisar sobre la marcha".*

Los individuos que no revisan los modelos mentales heredados, cuando entran en el mercado laboral tienden a conformarse con cualquier trabajo inicial, porque para ellos conseguir un trabajo "de lo que sea" es su gran triunfo, ya que una vez "dentro" de la organización todo vendrá por añadidura. Pero las cosas rara vez suceden así, porque al poco tiempo la rutina, la desilusión, y los primeros tropiezos se hacen presentes. Luego vienen los problemas de promoción, los primeros "conflictos" con determinados compañeros, y en algunos casos una cierta pérdida de sentido con relación al futuro. Empezamos a sospechar que algo no marcha como debiera y nos preguntamos algunas cosas: ¿Por qué estoy tan inquieto?, ¿Por qué no me gusta lo que hago?, ¿Por qué tengo problemas ahora que todo debería ir bien? Y es que desde pequeños nos han transmitido varias ideas que ahora no se cumplen:

"¡Esfuérzate en terminar la carrera, encuentra un trabajo, y acabarán tus problemas!". Y es que se nos enseña, una y otra vez, que cuando tengamos independencia económica seremos felices, y el mundo se pondrá a nuestros pies. ¿Pero es todo tan sencillo como se nos dijo?

Encontrarle sentido a las cosas que hacemos a lo largo de nuestra vida profesional no siempre es fácil, pero es un asunto fundamental e inaplazable que no se puede dejar de lado. Porque sin ese "sentido" que imprimimos a las cosas que ha cemos, desde lo que somos, no es posible alcanzar triunfos, ni logros significativos, a lo largo del tiempo. Vivir es fácil, o al menos lo parece. Para muchos consiste simplemente en levantarse por las mañanas y hacer las mismas cosas que los demás: conducir un coche, ir al trabajo, relacionarse con los compañeros, jugar un partido de fútbol los sábados, y comprarse un piso. Pero aquellos que quieran vivir la vida con plenitud, con esas conductas no les bastará. Y es que hay personas que le piden mucho a la vida, y a cambio ponen pasión en todo lo que hacen, acarician sueños "inalcanzables" y luchan por ellos, e incluso saben "lo que quieren ser de mayores". Estos individuos son diferentes, porque se guían con otro "mapa" del territorio.

Los individuos que optan por la excelencia humana cambian sus mapas mentales. Viven como guerreros minuto a minuto, no dan nada por sentado, y practican el acecho en la conquista del poder. A lo largo de todos los trabajos que hacemos, todas las empresas donde los hacemos, todos los puestos que ocupamos, todos los jefes a los que servimos, todos los compañeros con los que colaboramos, todos los ascensos que recibimos, y todos los viajes que hacemos, se nos presentan miles de oportunidades, en las que podemos elegir en una u otra dirección. Pero no somos suficientemente conscientes, en cuanto a las repercusiones que nos traerán en el futuro. Es decir, tomamos decisiones sin conocer bien el significado de lo que hacemos en cada momento. Porque cada conducta y cada elección producen frutos; algunos son instantáneos, otros son de cosecha retardada. Si nos limitamos a las cosas que los demás "hacen", difícilmente podremos estar armonizados con nosotros mismos y rendir al máximo en ningún puesto. Será imposible que nos desarrollemos a fondo en esa actividad, dándole nuevos contenidos y llegando mas allá de lo que otros hicieron antes. Nuestra Carrera Profesional, vista en perspectiva, es parecida a una jarapa almeriense. En ella se entretejen millones de hebras, millones de horas de trabajo, y la acompañan también algunos sueños y frustraciones. Tanto si se investiga en un laboratorio de la universidad, como si se crea una nueva empresa, o si se trabaja en la agricultura intensiva; para hacer las cosas bien, hay que poner pasión y constancia, especialmente en los periodos iniciales, en los que más se decide el éxito futuro de nuestro proyecto laboral o empresarial. Es precisamente durante los periodos iniciales en los que mayor energía y capacidad psicofísica hay disponible, cuando mayores riesgos hay que correr, mayores apuestas hay que hacer, y más osadía hay que demostrar. Pero ni la osadía ni la intrepidez abundan demasiado en la sociedad consumista de nuestros días, en la que se ensalzan los valores hedónicos y se desdeñan las grandes realizaciones individuales.

El trabajo es una actividad fundamental para casi todos los aspectos de la vida humana, por lo cual acertar con una actividad profesional que auténticamente nos llene es muy importante. Para ello hay que identificar bien nuestras aptitudes, valores, gustos, y escala de prioridades, y con estas variables despejadas, hacer un proyecto propio, y enfrentarnos a los retos y dificultades que conlleve, por difíciles que parezcan. Muchos universitarios con su carrera recién terminada concurren a procesos de selección, en los que la -tan importante- experiencia, no se exige en el Perfil de Puesto. Muchos candidatos no consiguen presentar ningún rodaje previo, que muestre su trayectoria hasta ese momento, pero otros, sin haber percibido un salario formal con contrato, han hecho ya múltiples actividades profesionales durante los veranos o a lo largo del curso. Se han metido en todos los líos asociativos que han podido en la Facultad, han trabajado en restaurantes, en bares, en servicio a domicilio, o han conseguido una beca en Holanda durante un curso. Otros han sudado la camiseta en el invernadero de la familia, sin que eso les avergüence. Y toda esta experiencia previa, además de las aptitudes y la personalidad que aportan, resulta altamente valiosa para las empresas que apuestan por el potencial humano, porque les permite predecir con fiabilidad su capacidad para hacerse con el puesto.

Más adelante, la vida laboral presenta nuevas oportunidades. Algunas aparecen de improviso, y otras son la consecuencia de un proceso largamente planificado. Se puede solicitar un traslado, cambiar de puesto, o trabajar en el extranjero, o en un nuevo proyecto. Pero otras decisiones más sutiles se tomarán de manera inadvertida poco a poco. Algunas tienen que ver con nuestra actitud ante los grupos dominantes y los clanes existentes en la organización. Otras tendrán que ver con el poder, y con nuestra capacidad de comunicación con los demás, y otras tocarán aspectos más inconscientes de nuestro comportamiento, pero influyentes en nuestra trayectoria vital y carrera profesional.

La idea de "Seguridad" es la que, muchas veces, más inseguros nos vuelve, porque impide que dejemos aflorar lo mejor de nosotros mismos, ya que nos aferramos a cualquier cosa y eso nos vuelve rígidos. La seguridad, con frecuencia, se alcanza arriesgando y defendiendo posturas aparentemente contracorriente. Cuando más demos de nuestro interior al mundo que nos rodea, más recibiremos de este y en consecuencia más adaptados estaremos.

Tener confianza en las cualidades de uno mismo es importante. Pero confiar en ese instinto interno que nos señala hacia donde debemos encaminar nuestros pasos, dedicando tiempo a reflexionar sobre lo que queremos hacer con nuestra vida, lo es aún más. Si queremos trabajar en la Industria hay que hacer cosas orientadas en esa dirección, si nos gusta la Administración pública, el currículum que hemos de ir completando es distinto del anterior, y no conviene mezclarlos. La Carrera Profesional, como tantas otras cosas de la vida, la tejemos día a día, pensamiento a pensamiento, paso a paso. Los imprevistos pueden alterar algunos detalles de la ruta, es cierto. Pero el argumento central de nuestra vida lo decidimos siempre nosotros, cultivando nuestro interior y desprendiéndonos de todo lo que frene o distorsione nuestra misión existencial.

¿VENDER O RESOLVER PROBLEMAS?

Hubo un tiempo de penuria y escasez en el que la supervivencia física en España era lo prioritario. El largo subdesarrollo nos hizo creer que había que comprar barato a toda costa y en cualquier circunstancia. Por eso, con el paso del tiempo y el cambio de las condiciones de vida, hemos seguido aplicando el listón de lo barato para adquirir la mayor parte de los productos y servicios que consumimos. Y es que la *Calidad de Vida* para las personas es un concepto ambiguo y escurridizo, tanto si la entendemos como poseer mucho, o lo mejor, o si pensamos que tiene que ver más con el *Ser* de las cosas que con el *Tener* o *poseer*. Según esta última visión, la Calidad, a fin de cuentas, no sería otra cosa que "saber vivir", adoptando aquellos patrones de conducta que más equilibrio y armonía puedan reportarnos a nuestra existencia.

A medida que el Estado del Bienestar se ha impuesto en el área Occidental, y las diferencias económicas y sociales se han acortado, aproximándonos en derechos y acceso a recursos materiales, el consumo se ha vuelto extremadamente competitivo y exigente. El avance en derechos civiles, la atención a minorías tradicionalmente desfavorecidas, y el aumento de la sensibilidad hacia las etnias, nacionalidades y lenguas, hace que el concepto de respeto al individuo sea muy importante en nuestros días. Ello nos sugiere la necesidad de enfocar la Calidad en un sentido muy amplio, como aspiración universal de todos los ciudadanos. Así pues, una vida digna y, socialmente, útil, ha de fundamentarse en el acceso a los servicios públicos básicos (sanidad, educación, etc.) en las mejores condiciones posibles, y poder acceder a un variado mercado de bienes y servicios, capaz de satisfacer las nuevas demandas de una población que evoluciona y exige. Los estilos de vida de las personas son diferentes, y los recursos que cada familia demanda varían, por lo que las exigencias de Calidad aumentan sin cesar. La motivación de compra puede ser para algunos el precio, mientras que para otros lo son las prestaciones, la marca o la especialización del producto. En definitiva, las personas hacen sus compras teniendo en cuenta una multiplicidad de criterios diversos. Sin embargo, muchos de los hábitos de compra siguen siendo "automáticos", porque las creencias y los mapas mentales en los que se basan, no se transforman al ritmo necesario, sino que cambian muy lentamente, tras un proceso de reajuste personal con el medio y la cultura, si bien, en algunos casos, no cambian nunca. Una cama es un utensilio en el que pasamos muchas horas de nuestra vida descansando. Pero las camas han evolucionado mucho desde los somieres y la lana, hasta llegar a los actuales canapés y colchones que nos proporcionan importantes beneficios para el descanso y la salud, frente a los tradicionales colchones sin aditamentos especiales. Y es que las camas de hoy están mejor diseñadas que las de hace 20 años, por ejemplo. Y lo mismo podríamos decir del calzado deportivo o de los automóviles utilitarios, en cuanto a la mejora de seguridad, confort y prestaciones. Ciertamente los coches y las zapatillas actuales cuestan más, pero sus características técnicas no son las mismas que hace dos décadas.

Hoy es posible comprar unas zapatillas deportivas a cualquier precio, disponiendo de múltiples opciones, en función de las necesidades de uso a las que se destinan. Con los turismos sucede algo parecido. A pesar de que la mayor parte de las nuevas tecnologías se incorporan a todos los modelos, en los de gama alta siempre podremos encontrar prestaciones capaces de satisfacer a cualquier comprador. Sin embargo, hay otros mercados en los que las exigencias de calidad no se hacen tan palpables. Así sucede con los hábitos de alimentación, en los que, ciertamente, se han producido algunos cambios en la percepción de la Calidad de los alimentos, pero de manera insuficiente aún. La crisis de las "Vacas Locas" ha puesto de manifiesto un grave problema acerca de los peligros del consumo de carne animal, ocasionado por la deficiente alimentación de los animales y por las antinaturales condiciones de vida a las que se les somete a estos en las granjas, como sucede con las aves destinadas al consumo humano. A pesar de que algunas campañas de sensibilización están consiguiendo que muchos consumidores empiecen a replantearse este estado de cosas, dicho efecto aún es escaso sobre la demanda, si bien algunos sectores sociales de la Unión Europea se están tomando este asunto en serio, y han empezado ya a cambiar algunas pautas básicas de alimentación, sustituyendo la carne animal por otros nutrientes de origen vegetal equivalentes, de mayor "calidad".

A medida que una sociedad evoluciona y madura en la consolidación de sus instituciones políticas, económicas y sociales, sus valores y sus pautas de comportamiento se tornan cada vez más conscientes y elaboradas. Por este motivo, las organizaciones que tienen vocación de continuar en el mercado por mucho tiempo vendiendo sus productos y servicios, deben entender bien estos procesos de cambio, para planificar inteligentemente las mejores estrategias que satisfagan las necesidades de sus clientes. Ya no hay masas de compradores anónimos. Cada vez se impone con más contundencia el concepto de persona, con sus propios valores y estilo de vida, que no desea relacionarse con cualquier empresa, sino solo con aquellas que estén en armonía con su visión de las cosas y sepan satisfacer sus exigencias de manera eficaz y cordial. Hoy las organizaciones libran sus grandes batallas en el campo de la Innovación y la Calidad, y difícilmente podrán ganarlas si solo intentan copiar a la competencia. Para ganar a largo plazo, tendrán que hacer las cosas bien y aprender a ser realmente buenos. Por eso es tan importante mirar más allá del corto plazo y organizar los procesos productivos y la estrategia empresarial pensando en las personas, humanizando la vida de la empresa, y tratando de hacer las cosas a nuestro alrededor cada vez más fáciles.

Esta vocación de las organizaciones de nuestros días de dar un sentido finalista y un enriquecimiento social a su actividad, está aún por desarrollar. Pocos son los directivos que se plantean en serio estas "historietas". Tan mediatizados están por el mapa mental de los beneficios a corto plazo, que pierden de vista el escenario en su conjunto, en donde otros procesos humanos tienen lugar de manera discreta. Se nos olvida que no somos los únicos y que no vivimos para consumir, sino que consumimos para perpetuar la vida y evolucionar como seres libres que desean aprender y dejar un legado a su paso por la existencia.

Las organizaciones deben ayudar a resolver problemas a la gente. Naturalmente deben obtener un beneficio por ello, pero para hacerlo bien, deben establecer vínculos de confianza y respeto con sus clientes. Los mejores negocios son aquellos en los que la gente se lo pasa bien haciendo intercambios, se comparten valores, y se cultiva una visión ética e inteligente del ser humano, la sociedad y la vida.

CAPÍTULO .07

Los Hermanos Del Sur

"El pasado no está muerto. Ni siquiera es pasado."

William Faulkner

Desde que se tienen noticias, el sur de la península Ibérica mantuvo contacto con los principales pueblos del Mediterráneo, comerciando en minería y agricultura. Su estratégica situación geográfica le permitió establecer lazos humanos con muchos grupos y culturas que han dejando su impronta, aunque también intervino en lugares distantes. Nuestro "sur", que tanto sincretismo ha producido a lo largo de la historia necesita reencontrar sus raíces, para definir una identidad colectiva sin mistificaciones, en un mundo que cambia constantemente. De las comunidades autónomas que integran hoy el estado español, Andalucía es una de las que mas necesita revisar su pasado histórico sin complejos ni tergiversaciones, para poder abrirse a nuevos proyectos con otros pueblos del Mediterráneo. Pero esto que parece tan fácil se elude una y otra vez, porque se teme encontrar a musulmanes y hebreos en el subsuelo de la memoria histórica, más cerca de lo que se supone. Existe un miedo, desmentido una y otra vez, a ser invadidos de nuevo, y, consiguientemente, a perder las señas de "identidad" que tanto esfuerzo ha costado forjar. Esta manera de pensar tan simple como irracional se ha mantenido gracias a un gran desconocimiento de la propia historia y a una indolencia intelectual, que, en muchos casos, usa el sarcasmo y el cinismo para protegerse de un sentimiento -a duras penas reconocido-de inferioridad, frente a otras comunidades autónomas que cuentan con proyectos colectivos ilusionantes, asumidos por la mayoría de sus ciudadanos.

Vamos a reflexionar sobre la identidad de Andalucía en su historia y a revisar las relaciones que mantenemos con nuestros vecinos más cercanos del sur, para analizar los principales recursos que podrían servir para poner en marcha nuevos proyectos con colectivos humanos del norte de África. Porque España y Marruecos, a pesar de la cercanía geográfica, se encuentran muy alejadas en lo religioso, en lo cultural, en lo económico, porque, a fin de cuentas, pertenecen a dos civilizaciones diferentes. Pero las cosas no son tan simples como parece, ni siempre fueron como las conocemos ahora.

UNA CIVILIZACION EN CADA ORILLA

Las civilizaciones se forman a partir de pueblos que comparten el mismo idioma, cultura, historia, religión, costumbres, e instituciones. Suelen identificarse con unos determinados valores, intereses y forma de ver el mundo, que comparten mayoritariamente entre si. Arnold Toynbee, el nada sospechoso historiador de Oxford, en *Historia de la Humanidad*, identificó hasta 26 civilizaciones a lo largo de la historia humana, de las que ya solo permanecen vivas en la actualidad 10: la Occidental, la Cristiano-Ortodoxa de Oriente Medio, la Cristiano-Ortodoxa Rusa, la Islámica, la Hindú, la China, la Japonesa, la Polinésica, la Esquimal y la Nómada. Las civilizaciones, al parecer, siguen el ciclo vital de nacimiento, expansión y muerte; de manera que la vitalidad y la salud de las actuales civilizaciones vivas es desigual, dependiendo de diferentes factores, si bien, la principal amenaza para algunas es que la civilización de Occidente las asimile o las aniquile (Toynbee, 1988).

Samuel Hungtington (Harvard), en un intento de explicar la Guerra del Golfo en el escenario mundial, introdujo en los años 90 la idea de *choque de civilizaciones*, según la cual, tras la Guerra Fría habrían emergido en la escena internacional otras civilizaciones no-occidentales, cuestionando el liderazgo de Occidente. En consecuencia, Hungtington (2002) prevé que los futuros conflictos se producirán principalmente entre civilizaciones distintas. Pero se trata solo de una hipótesis provisional sujeta a controversia, y que aún no ha sido demostrada. Otra polémica actual es la de la *universalidad de la democracia occidental*, surgida de intentar extender los valores democráticos a todas las regiones del Planeta. Como quiera que la *democracia* es una creación de Occidente, que no es compartida con carácter universal por todas las civilizaciones, surgen conflictos de difícil solución. En efecto, la cosmovisión que los occidentales nos hemos ido forjando en los últimos siglos sobre el individualismo, el constitucionalismo, los derechos humanos, la igualdad, la libertad individual, el imperio de la ley, la democracia, el libre mercado y la separación de poderes, entre otros, tienen poca (o ninguna) resonancia en el Islam o el Hinduismo por ejemplo. Por eso, cuando se han exportado estos modelos sociopolíticos indiscriminadamente, han aparecido reacciones contra lo que algunos han denominado el "imperialismo de los derechos humanos", fortaleciéndose, en algunos casos, el fundamentalismo tradicional. Pero esta resistencia no niega, de manera irracional ni sistemática, todo progreso, pues la mayoría de estas sociedades intentan incrementar su desarrollo tecnológico, riqueza y armamento; pero sin caer en la orbita de influencia de Occidente y su poderosa económica, aunque hasta ahora la única civilización que lo ha conseguido plenamente es la japonesa (Toynbe, 1998).

Los occidentales, por tanto, deben comprender mejor los fundamentos filosóficos y religiosos de otras civilizaciones, que son tan antiguas o más que la suya y captar con mayor detalle sus intereses, objetivos y visión de la vida, que no siempre coinciden exactamente con los occidentales. La idea de extender a todos los pueblos y naciones de la Tierra la civilización Occidental sin distinción, choca frontalmente contra el particularismo de muchas sociedades de gran tradición histórica, encuadradas en otras civilizaciones. Tratar, además, de imponer por la fuerza la unificación a todos, sin tener en cuenta sus propios puntos de vista no es una opción válida, por lo que la convivencia respetuosa entre las distintas civilizaciones actuales se presenta como la estrategia más recomendable a seguir. Cabría preguntarnos ¿qué nos da derecho imponer como hacer las cosas a los otros?, ¿por qué nuestro criterio tiene que ser el mejor? ¿No sería más acertado entender primero los valores que inspiran a cada sociedad?, ¿qué tiene de malo la diversidad humana?

LOS HERMANOS DEL SUR

Por otra parte, muchos conflictos nacen de los acelerados cambios sociales que impone la modernización tecnológica y económica occidental, la cual despoja a mucha gente de su identidad cultural, lo que, a su vez, aviva determinadas animosidades históricas. Los fundamentalismos se valen de estas circunstancias para implantarse en sectores sociales desfavorecidos, que, en algunos casos, están sometidos a un gran crecimiento demográfico, como ocurre en el Magreb norteafricano: Argelia, Marruecos, Mauritania, Libia y Tunicia. En consecuencia, los contactos e intercambios económicos entre sociedades de civilizaciones diferentes pueden ser positivos, siempre que se respete la identidad de cada uno. Las sociedades que viven en zonas de frontera, no deben sustraerse a los flujos que constantemente circulan en ambos sentidos. Más bien, deberían favorecerlos, al disponer de una sensibilidad más desarrollada que el resto de la población.

LAS INFRANQUEABLES COSTAS DEL SUR

La población marroquí conoce España y otros países de la Unión Europea (UE), pero nuestro conocimiento sobre ellos es escaso, a pesar de que con Marruecos, por razones históricas, hemos mantenido estrechas relaciones. La motivación de los andaluces por establecer contactos con los marroquíes es más bien escasa, apreciándose cierta reticencia y temor por la inmigración masiva, la fuerte competencia agrícola y la disputa sobre Ceuta y Melilla. Pero por debajo de los tópicos de cada momento se mueve otra realidad profunda de la que apenas se habla, pero que explicaría muchas incoherencias que suceden en el día a día.

El norte de Marruecos y Andalucía son dos regiones con un hábitat geográfico similar, en dos continentes que se dan la mano. En ambas orillas del Mediterráneo el paisaje y los contrastes son los mismos, alternándose regiones áridas, llanuras fértiles, montañas con alturas superiores a los 3.000 metros y playas arenosas, donde desembocan ramblas empedradas. La vegetación y los cultivos son semejantes y las poblaciones, especialmente en el Estrecho, se conocen relativamente bien. Además, en Marruecos se entiende y se habla castellano. Si nos atuviéramos solo a criterios de geografía física y humana debería mantenerse un importante flujo comercial y cultural a los dos lados del mar, pero una especie de barrera invisible se interpone, paralizando los intercambios, a modo de muro psicológico infranqueable. ¿Por qué existen estas barreras?, ¿qué las mantiene y cuanto tiempo llevan ahí? La población del noroeste de África y la península Ibérica forman parte de dos civilizaciones bien diferenciadas: la Islámica y la Occidental, pero no hay que olvidar que la proximidad geografía y la constante mezcla de etnias que se ha mantenido a lo largo de una rica historia común, han configurado rasgos similares a los dos lados del Estrecho, compartiéndose muchos hábitos, costumbres y formas de pensar. La trayectoria de cada país en materia cultural, religiosa y política ponen de manifiesto diferencias importantes, pero la proximidad, las costumbres y las formas de pensar señalan también muchas similitudes.

LA ATORMENTADA IDENTIDAD HISPANA

En la espinosa cuestión de las semejanzas y las diferencias, debemos echar un vistazo al imaginario español, que se ha ido formando a partir de hechos históricos, ideales inalcanzables y fantasías persistentes; sin olvidar que la historia es un territorio muy resbaladizo, donde *El Cid o Guzmán el Bueno* pueden verse como héroes cristianos o como mercenarios al servicio del Islam, dependiendo del lugar donde hagamos la foto y hacia que lado inclinemos los acentos. Y eso mismo sirve también para nuestro héroe universal: don Quijote, que nos habla de un mito en el que concurren las tres castas, representando Sancho Panza a los cristiano-viejos, don Quijote a los conversos que no terminan de encontrar acomodo en la sociedad del XVI, y a una tal Dulcinea, a la que nuestro caba-

111

llero ama "de oídas", que muy bien pudiera ser una bella morisca que se fue de estos pagos para siempre. Las cosas no son lo que parecen, porque siempre es posible otra mirada...

España en los últimos siglos se empeñó en definir su identidad a partir de una triple negación. En primer lugar ignorando o quitado valor al legado musulmán, en ámbitos tan importantes como el idioma, la arquitectura, la agricultura, las tradiciones locales o la historia compartida con los pueblos del norte de África. En segundo lugar, silenciando la huella que los judíos españoles (sefarditas) dejaron en la memoria popular, tras muchos siglos de convivencia y amistad. Y por ultimo, tras el triunfo de los cristianos viejos, se negó el pan y la sal a los individuos más capaces, adocenando la libertad, el pensamiento y la creación científica e intelectual. Generación tras generación se ha cultivado una envidia destructiva y ciega contra cualquiera que no se sometiera a un gregarismo ramplón, en una sociedad basada en la conformidad y la obediencia, que ha dificultado la experimentación y la búsqueda de nuevas formas de organización social e investigación científica. Los éxitos alcanzados en este empeño han sido sobrecogedores, hasta el extremo de que hemos reafirmado tanto nuestras señas de identidad frente al mundo hebreo y musulmán, que hemos destruido todo lo que se nos ha puesto por delante. Pero que pena que los valores imperantes actuales apunten en otro sentido: hacia la tolerancia, el respeto por el otro, y hacia un multiculturalismo integrador.

Desde la multiculturalidad hoy se piensa que todas las personas tienen derecho a gozar de su propia cultura, a identificarse con las diferencias que de ella se derivan y a que se les respete como seres humanos libres e iguales en derechos. La libertad, entendida de este modo, reconoce que la diversidad es un valor que debe cuidarse, porque las culturas no son en sí mismas ni superiores ni inferiores con respecto a otras. Todas y cada una tienen componentes positivos y negativos, y todas aportan algún tipo de riqueza a la sabiduría humana global. Las diferencias aportan puntos de vista nuevos, sensibilidades complementarias y habilidades desconocidas que se pueden emplear. Y de esa diversidad y variabilidad pueden surgir originales aplicaciones, si se saben conectar debidamente. Todo lo contrario del discurso tradicional que ha excluido sistemáticamente al "otro" y al "diferente", ya que solo era posible una única verdad.

Ser catalán es una identidad, como ser vasco, musulmán, judío, etc. Las identidades pueden ser nacionales, culturales, religiosas, étnicas, etc. Las personas han de gozar de libertad para escoger su identidad y ejercerla sin sufrir ninguna penalización laboral, social, académica, o ideológica por ello. Pero, lamentablemente, muchas colectividades e individuos sufren presiones por pertenecer a alguna identidad minoritaria. Si realmente queremos construir una civilización avanzada, hemos de empezar a respetar unos cuantos valores básicos, sobre los que florezca una autentica convivencia local, interregional y mundial, a partir del respeto a los demás, la justicia y la paz. Una civilización a nivel planetario debe garantizar el derecho a la vida, así como a las diferencias culturales y religiosas y a su libre expresión. Pero las naciones más fuertes han impuesto su poder según su conveniencia, sin respetar las necesidades de las débiles. Y cuando a partir de una relación asimétrica se establecen intercambios, termina imperando la ley del más fuerte y la injusticia. Si este estado de cosas no evoluciona hacia modelos donde el poder solo sea un recurso más a partir de una autentica comunicación entre pueblos con historias compartidas y culturas diversas, seguiremos repitiendo el mismo esquema una y otra vez en distintos decorados, pero sin salir del mismo nivel evolutivo. Las sociedades con altos niveles de desarrollo tecnológico, económico y de bienestar material no deben imponer su modo de vida a otras civilizaciones que han florecido en diferentes partes el Planeta y que hoy mantienen una antigua herencia que debe preservarse. El argumento de que la tecnología avanzada y la globalización nos otorga derecho a definir como han vivir todos los seres humanos, y como hay que explotar y conservar el medio ambiente en cualquier lugar no es válida. Cada persona, cada pueblo y cada sociedad organizada tienen derecho a existir, a expresar su identidad y a decidir por ellos mismos, contando con el respeto de la comunidad local e internacional. Habermas, Kymlycka o Parsons, entienden que cada persona llega a expresar sus valores, su forma de estar en el trabajo, su idea de la convivencia, de la comunicación y del conocimiento de otra persona a través de su cultura. Por ello, no puede predefinirse una única cultura neutral a escala mundial, que determine lo correcto o incorrecto del comportamiento humano y social en todos los lugares y situaciones. Las identidades se vuelven afirmativas cuando tras el contacto de unas con otras se refuerzan. Si tres amigas: gitana, guineana y española, intercambian experiencias de platos de cocina popular, de cómo es el noviazgo tradicional en sus respectivas sociedades y que prendas de vestir se usan en actos importantes, al dar a conocer su cultura a otras personas diferentes fortalecen su propia estima y permiten un rico intercambio que afianza sus habilidades sociales y su seguridad personal. Todo lo contrario de lo que les sucede a quienes cultivan identidades destructivas, como los que creen que los inmigrantes ponen en peligro la identidad y cultura española. Más bien podría ser lo contrario, y que el peligro de una supuesta decadencia de lo español viniera de que sus miembros solo se relacionaran entre sí, siguiendo las tradiciones y costumbres españolas, sin apenas contactos con otras identidades mas o menos cercanas.

La identidad destructiva para mantenerse necesita deshacerse de otras identidades limítrofes, y eso lo consigue forzándolas a que adopten sus propias formas (vestimenta, comidas, idioma, tradiciones), o expulsándolas de su territorio si no logra asimilarlas. Así se hizo en la península cuando se expulsó a otras etnias para alcanzar la pureza racial, y cuando después se negó la herencia que musulmanes y sefarditas habían dejado en la historia; pero también se ha hecho cuando las ideologías centralistas han opuesto lo español a lo vasco, a lo gallego, o a lo catalán. La infamia que comenzó en 1391, y que segó miles de vidas y docenas de barrios judíos, nos devuelve en las playas de la memoria histórica los restos de una vergüenza, y constituyen uno de los ejemplos más dramáticos de identidad destructiva que deberíamos tener muy presentes. Porque cuando se ponen en marcha estas atrocidades, con su carga de odio, muerte y exclusión, resulta muy difícil detenerlas. Se comienza negando el derecho a expresarse en la lengua de los padres y abuelos, a vestirse a la manera tradicional y poco a poco empieza una locura que ya no puede pararse. Una cosa lleva a la otra, y termina pareciendo normal que destruir a los "otros" sea la cosa más natural del mundo, porque así nos lo han contado.

EL PLANETA MULTICULTURAL

La multiculturalidad supone una riqueza que se debe aprovechar a fondo. Así lo entienden, por ejemplo, en la Universidad de Harvard (EE. UU.), donde consideran que una clase de historia mundial, o de América, con alumnos japoneses, afroamericanos, latinoamericanos y europeos, es mucho más rica en debates, apreciaciones, preguntas y conocimiento mutuo, que si en el grupo solo hay norteamericanos de origen irlandés o inglés. Disponen de un departamento que localiza en los estados de la unión y en el extranjero alumnos/as con buen expediente académico, interesados en estudiar en su universidad, a los que invitan y facilitan el acceso, porque saben que la diversidad es riqueza. Amin Malouf (1999), en relación con el Islam, abunda en esto cuando afirma que en épocas en las que las sociedades cristianas europeas no toleraban casi nada, el Islam estableció un "protocolo de tolerancia", siendo muchas de sus sociedades las más avanzadas de su tiempo.

¿De donde nace el derecho de Occidente a imponer sus valores, cultura y tecnología a las demás civilizaciones? Tal vez la separación de poderes que consagró la *Revolución Fran-cesa* tenga un carácter universal, pero tal vez no, porque hay civilizaciones más antiguas que han seguido otras vías de evolución diferentes. La cuestión es que si no aprendemos a respetar al otro, terminaremos creyendo que tenemos derecho a todo, simplemente porque el "otro" no existe y solo contamos nosotros. Pero aunque llamar a la puerta y esperar a que te inviten a pasar parece una norma de cortesía elemental, la arrogancia, a veces, se antepone al respeto, cuando la tecnología se convierte en patente de corso, en nombre de la cual se pueden destruir especies enteras de animales y plantas e invadir todo el Planeta. Que Occidente disponga de máquinas y conocimientos formidables no significa que sea una civilización perfecta. Por el contrario, aún quedan muchos retos que solventar, a los que no ha encontrado solución. Porque si lo que de verdad se quiere es acabar con las injusticias y las fricciones étnicas y religiosas en un mundo cada vez más civilizado, bastaría con tratar a todos como individuos de pleno derecho, con independencia de sus pertenencias culturales o del continente donde viven. Pero no se hace así y cada cual se dedica a comprender el sufrimiento de los que nos caen más "simpáticos", y de ahí pasamos a la indulgencia sin darnos cuenta. Entonces perdonamos a los que han tenido que sufrir nuestra arrogancia colonial y nuestro racismo e ignoramos los excesos de su propia arrogancia nacionalista y su propio racismo, negándonos a mirar a sus víctimas hasta que ya es demasiado tarde. Porque cuando a una comunidad le damos el papel de cordero y a otra el de lobo, esta última puede actuar con plena impunidad para cometer crímenes y atrocidades, porque sabe que alguien mira hacia otra parte (Maalouf, 1999).

La España que se mira hoy en el espejo del tercer milenio quiere ver reflejada una imagen de sociedad abierta, tolerante y libre, sin pararse a pensar que ha heredado muchos tic y creencias del pasado incompatibles con esa idealización de modernidad y sofisticación, la cual es mas un deseo que una realidad. Porque se siguen pronunciando bellas palabras, pero al mismo tiempo la gente se niega a mirar a la cara a nuestros hermanos del sur. Si ello se debe a un antiguo complejo colonialista aún no resuelto, valga como justificación provisional, pero desde que Boabdil dejó Granada en manos de los reyes de Castilla y Aragón, pocos esfuerzos se han hecho por cultivar la amistad y la cooperación con nuestros vecinos del norte de África. En lugar de ello, se ha alimentado un sinfín de estereotipos negativos sobre los temibles "moros".

Los musulmanes nos han dejado palabras, costumbres, formas de pensar y arraigadas tradiciones populares. Negarlo es inútil. Pero a pesar de la cercanía física, apenas mostramos interés por ellos. ¿Es porque nos recuerdan rasgos de nuestra personalidad que nos empeñamos en negar? ¿Se trata de un mecanismo de escape o disociación cognitiva? Cuando se contempla la historia simultáneamente desde los dos lados del Estrecho de Gibraltar aparece un cuadro muy distinto al que estamos acostumbrados a ver.

HUELLAS DE HISTORIA EN LA MEMORIA

Mil años antes de Cristo, en los alrededores de las *Columnas de Hércules* florecía una civilización de la que sabemos poco, pero que tuvo una gran importancia comercial y minera. Se llamaba *Tarsis* y su centro se encontraba en la desembocadura del río Guadalquivir. A los pobladores más antiguos de la península se les conocía como *Íberos*, los cuales en contacto con las sucesivas migraciones de celtas procedentes del norte continental europeo darían lugar a los *Celtíberos*, que *se con-vertiría* en el conglomerado étnico más importante de Iberia, que interactuaría con oleadas sucesivas de cartagineses, griegos, romanos, germanos, árabes, bereberes y otros pueblos. En el noroeste *africano*, el pueblo más antiguo del que hay noticias es el Bereber, que podría proceder del Yemen o de Egipto, y que mantuvo continuos contactos con la orilla norte. Hacia el año 1100 A.C. los fenicios ya habían fundado Tingis (Tánger), dejando importantes huellas de su presencia en la península, al igual que lo harán griegos, cartagineses y romanos, siendo algo menor la influencia de estos en el noroeste de África. Los fenicios, con su formidable flota de barcos, abrieron rutas comerciales que pusieron en contacto a la mayor parte de los pueblos mediterráneos, fundando puertos y colonias, que expandieron las culturas más influyentes de la época.

En el siglo II A.C. la república de Roma conquistaba la península Ibérica, incorporando también a su administración extensas zonas del norte de África, como Volubilis (en Mequinez), Lixus y Tánger, cuya administración quedó asignada a la región Bética peninsular. Así pues, bajo la administración romana, que fue la civilización mas avanzada del mundo antiguo en el Mediterráneo, las dos orillas quedaban unificadas. Doscientos años después del nacimiento de Cristo, los seguidores de la nueva religión se extendieron por las costas norteafricanas y la península. En ese momento, la influencia de Roma empezaba a entrar en crisis y la fuerte unidad que antes existía comenzó a fragmentarse. En el siglo V la tribu germano-eslava de los Vándalos se hicieron con la provincia Bética y alcanzaron Marruecos, fundando allí una colonia que daría descendientes de ojos azules y pelo rubio. Poco después, llegarán los Visigodos, estableciéndose una coalición defensiva con el imperio Bizantino y el norte de África en contra de los nuevos invasores, que no tendrá éxito. Tras un periodo turbulento entre ambos pueblos el rey Recaredo se convierte al cristianismo en el Concilio de Toledo del año 589 y el nuevo reino peninsular, cuya capital será Toledo, disfrutará de una corta prosperidad. A la muerte del Profeta del Islam en el año 632, comienza la expansión de esta religión en todas direcciones. En el 698 los árabes ya están asentados en Tánger, desde donde miran las costas ibéricas, planteándose la manera de expandirse hacia el norte. Tras la conversión de los bereberes han conseguido encauzar su gran energía, aprovechando al mismo tiempo su originalidad, y ahora no dejan de observar la antigua *Hispania romana*, famosa por su opulencia, que tienen al alcance de la mano desde Tánger. Pero son conscientes que el mar ahora los detiene y que su veloz expansión por Oriente Medio y el norte de África, a caballo, ha sido terrestre.

¿Cómo salvar el mar?

A principios del siglo VIII el reino visigodo peninsular estaba desintegrándose a marchas forzadas a causa de divisiones internas. El sistema sucesorio obligaba a los nobles a elegir por acuerdo al nuevo monarca, lo que, en muchos casos, desembocaba en baños de sangre, ya que cada familia quería coronar a uno de los suyos.

Cuando Rodrigo, de la estirpe de Chindasvinto, fue coronado Rey, los witizanos de Wamba nombraron Rey a su hijo, con el nombre de Agila II, refugiándose este en Sebta (Ceuta) bajo la protección del conde Julián, que mantenía buenas relaciones con los árabes de la orilla sur. Agila y Julián no tardarían en entablar negociaciones con el gobernador Muza en demanda de ayuda para su causa, a fin de recuperar el trono. Y le dejaron muy claro desde el principio que los musulmanes serian bien recibidos en la península. Lo que sucedió después es bien conocido.

El 23 de julio del año 711, unos 12.000 bereberes, al mando del general Tarik Ibn Ziyad, se enfrentaron al ejercito de Rodrigo cerca de Jerez de la Frontera, en la batalla de Wadi Bakka (Guadalete). Las legiones visigóticas eran 6 veces superiores en número al ejército de África, pese a lo cual, los combates se prolongaron duraron varios días con gran intensidad. Entonces, a mitad del combate, la parte del ejército visigodo partidaria de Witiza desertó, permitiendo que Tarik se alzara con la victoria, desapareciendo Rodrigo en el combate. Tarik conquistó la península con tropas sirias de refuerzo en unas cuantas maniobras relámpago, a excepción de dos pequeños núcleos en Asturias y Navarra, que resistieron. Pero sus tropas siguieron avanzando hasta el corazón de Francia: Burdeos, Nimes, Carcasone, hasta que en el 732 sufrieron una importante derrota cerca de Poitiers, que les obligó a cambiar de estrategia, replegándose poco a poco hacia la península, donde se afianzaron en lo que sería Al-Andalus. La población autóctona de los reinos conquistados de Iberia acogió bien a los conquistadores, convirtiéndose muchos de ellos al Islam, lo que explica su rápida consolidación.

En el año 750 los Abasíes de Irak ponían fin por la fuerza al Califato Omeya de Damasco, pero Abd-al-Rahman, nieto del ultimo califa, perseguido de cerca por sus enemigos atravesó Oriente Medio y el norte de África, hasta encontrar condiciones favorables a sus aspiraciones sucesorias en el sur de la península ibérica. En el año 756, al frente de sus seguidores, conquistó Córdoba y acto seguido fundó un nuevo reino que unificaría toda la península bajo su autoridad y cuya edad de oro seria la de Abd-al Rahman III (912-961), el cual se proclamó Califa, desafiando a los Abasidas de Damasco. A finales del primer milenio, las diferencias raciales en la península se habían ido difuminando. Los musulmanes que habían venido sin familia fundaron hogares con las hijas de los señores locales, sumándose grupos venidos de muchos lugares de Europa. El máximo esplendor de Al-Andalus tuvo lugar durante el califato de Córdoba, que bajo la dirección de los Omeyas se prolongaría hasta el año 1031. La mezcla de razas, culturas y religiones será total durante este periodo, así como el bilingüismo. La población hispano-árabe era la más culta de su tiempo y el Islam andaluz un ejemplo de tolerancia con judíos y cristianos. La libertad religiosa se respetaba y se produjeron muchas conversiones libres al Islam. Pero también había iglesias cristianas donde sus fieles podían practicar libremente su culto, llegando algunos cristianos notables a ocupar los cargos de ministro y embajador en la Corte de Córdoba. El reino hispano-árabe del califato de Córdoba es un ejemplo de cómo los pueblos progresan cuando hay un encuentro pacifico entre culturas diferentes. En Al-Andalus se produce un matrimonio entre las principales religiones monoteístas del Mediterráneo y en esos años el diálogo y el intercambio entre las dos orillas es continuo y fértil. Los efectos de esta experiencia dejarán una huella imborrable durante siglos, sin que después se alcanzara su altura.

La España musulmana expandió la cultura perdida de Europa de mano de las traducciones de Avicena y Averroes, pero también se introdujeron avances importantes en agricultura, con nuevos cultivos como el arroz, la caña de azúcar o el algodón. Los científicos musulmanes inventaron el álgebra y eran maestros consagrados en cosmología, astronomía y medicina. Descubrieron el papel y la brújula y será en Andalucía donde se construirán las primeras piezas de artillería de Europa. El árabe era la lengua de la diplomacia y la administración en las cancillerías. Córdoba en el siglo X contaba con más de 600.000 de habitantes, disponía de 17 universidades, sistema de desagüe, alumbrado público y agua corriente. Sus palacios eran refinados y lujosos, sus jardines espléndidos, y era el centro económico mundial, que atrajo a los principales comerciantes de la época. Hacia el año 1009, tras la opulencia alcanzada, comenzaron las discordias internas por cuestiones sucesorias. Se enfrentaron varias tendencias. Una estaba formada por los descendientes de los primeros árabes y beréberes. Otra por los magrebíes recién instalados, que querían mayor poder, y había también un partido que representaba las nuevas clases sociales. En sus luchas internas no dudaron en pedir ayuda a los príncipes cristianos del norte, igual que los visigodos llamaron a los árabes norteafricanos en el siglo VIII (Moha, 1992). Toledo fue conquistada por Castilla en 1085, con el apoyo de Roma, que entonces iniciaba las Cruzadas para recuperar los *Santos Lugares* de Jerusalén. El rey musulmán de Sevilla ante la ofensiva cristiana pidió ayuda a los almorávides marroquíes, que derrotaron a Alfonso VI en Badajoz, en el año 1086. Después los almohades se hicieron con el poder en 1147 y detuvieron el avance del rey Alfonso VIII. En ese momento Marruecos domina desde Toledo hasta Senegal. En este periodo destaca Abú Yusuf al Mansur, que, además de ser un formidable guerrero, fue el constructor de la Giralda de Sevilla, de la Kutubia de Marrakech.

Tras la batalla de Alarcos en julio de 1195 los reyes cristianos comprenden que tienen que unirse y a partir de ese momento la España musulmana vivirá a la defensiva. Castilla y Navarra reclutan tropas en Francia e Italia y con la ayuda del Papa Inocencio III, el 16 de julio del año 1212, dos ejércitos impresionantes de 200.000 soldados cada uno se enfrentarán en las Navas de Tolosa, donde los musulmanes sufrirán su primera gran derrota desde el 711, seguida de la toma de Córdoba (1236) y Sevilla (1248). Los almohades marroquíes no conseguirán sobrevivir a estas perdidas, siendo sustituidos por la dinastía Merinida en Fez, que poco pudieron hacer por enderezar la difícil situación heredada. Muchos musulmanes se trasladaron a Marruecos, donde dieron un importante impulso a la arquitectura, las artes y las ciencias. La *HistoriaUniversal* de Ibn Jaldún de 1377 evidencia la calidad de la producción cultural que se consiguió en ese periodo. Entonces la situación política y militar se estabilizó, porque el reino nazarí de Granada estableció relaciones con Castilla, para asegurar su supervivencia y este frágil equilibrio se prolongaría todavía durante muchos años más.

LA OTRA "RECONQUISTA"

A medida que las tropas cristianas del norte conquistaban nuevos territorios y ciudades a los musulmanes de Al-Andalus, era frecuente que poblaciones enteras de estos siguieran viviendo en las mismas zonas que habitaban, tratándoseles con tolerancia por parte de sociedad cristiana medieval. Un buen ejemplo que ilustra esta práctica es el que se dio en Tudela, ciudad conquistada por el rey Alfonso el Batallador en 1119, el cual estableció unas*Capitulaciones* que permitieron la continuidad de los musulmanes, con la única condición de que se trasladaran a un barrio extramuros, en el plazo de un año, cosa que hicieron sin problemas. A los judíos, les pidió que continuaran en la Judería que hasta entonces habían ocupado bajo dominio musulmán, aplicándoles el *Fuero de los Judíosde Najara*, legislación que los hizo depender directamente del Rey de Navarra.

A estos grupos, al principio se les llamaba *mudéjares*, porque imprimieron un sello inconfundible en la arquitectura, los enseres domésticos, el trazado de calles, la gastronomía, lenguaje, etc., consiguiendo relacionarse positivamente en todo con la sociedad cristiana dominante, excepto en el tema religioso. Tan intenso e importante fue el encuentro, que la nobleza cristiana no dudaba, en determinadas ocasiones, vestirse al estilo árabe (Jiménez Lozano, 1982).

Pero hacia el Siglo XV las cosas habían cambiado mucho. Los reinos cristianos ya estaban consolidados y la intolerancia de los cristianos hacia los mudéjares y sefarditas había crecido, por lo que el equilibrio que antes hubo entre las tres castas era ahora frágil. No obstante, fue precisamente en medio de este "equilibrio inestable" de los siglos XI al XV, cuando se estableció un intenso comercio, acompañado del correspondiente influjo intelectual, que sentó las bases de una riqueza en todos los ámbitos, que catapultó a los reinos ibéricos al liderazgo mundial durante el siglo XVI. Podríamos decir que el Siglo de Oro español fue la segunda gran explosión que la península tuvo en la escena mundial, después del califato de Córdoba, siendo el denominador común de ambas, la convivencia, el encuentro y la cooperación entre los distintos grupos sociales y culturas.

Castilla, a mediados del XV, recibía 20.000 doblas anuales del reino de Granada en concepto de vasallaje; pero al desviar Portugal la ruta del oro de Sudan hacia Lisboa se empezó a soñar con las riquezas que había en Granada, tanto por la seda que exportaba, como por sus fértiles vegas, o por los nuevos productos que fabricaba (papel, artesanía de gran calidad, etc.) muy apreciados en Europa. A ello hay que añadir los prestigiosos arquitectos y albañiles granadinos, que trabajaban en muchas cortes de la península y África. En definitiva, se trataba de un pequeño reino de gente laboriosa, con una cultura refinada, y a la vanguardia de su tiempo (Eslava Galán, 2004).

En los reinos de Castilla y León, unificados políticamente, la nobleza llevaba mucho tiempo combatiendo entre sí, en una especie de guerra civil no declarada. Los reyes Isabel y Fernando, cansados de sus continuas reivindicaciones, decidieron ocuparlos en una guerra de conquista contra el reino de Granada. La excusa para el inicio de las hostilidades se presentó en 1481, cuando el gobernador musulmán de Ronda conquistó el castillo de Zahara, acción que precipitó la toma de Alhama, que era la residencia veraniega de la aristocracia granadina, en una audaz galopada de un grupo de nobles castellanos.

Las iniciales victorias cristianas aceleraron la escisión interna de la familia real granadina, por antiguas querellas dinastiítas (Abencerrajes contra Zegríes, etc.), lo que hacía que el reino se encontrara prácticamente en guerra civil, lo que impidió presentar un frente común de lucha contra el ejército del norte. La diplomacia castellano-aragonesa jugó un papel decisivo en el conflicto, hasta el extremo de tomar prisionero a Boabdil en dos ocasiones, para dejarlo en libertad posteriormente, con la condición de que se hiciera vasallo de Castilla y pagara el tributo anual acordado. A cambio, Fernando se comprometió a ayudarlo en recuperar el trono de Granada.

Para entender como funcionaban los vínculos de fidelidad en el reino de Granada, Caro Baroja (2003), citando a Ibn Jaldum, describe las diferencias que había entre los antiguos nómadas y los sedentarios. Los primeros, que eran originarios de los desiertos, cultivaban un fuerte espíritu de solidaridad entre los miembros emparentados por vínculos de sangre. Los parientes *agnados* descienden de un tronco común de varón en varón. De otra parte, los pueblos sedentarios no necesitan recurrir a la parentela en la misma forma que los nómadas, que van de un sitio a otro sin fijarse a un territorio determinado. La solidaridad agnática ocasiona que los vínculos de fidelidad al clan se antepongan a otras relaciones interpersonales, transmitiéndose las enemistades de generación en generación, lo que, a veces, impide la colaboración libre y fomenta la fragmentación en reinos independientes o taifas.

Pues bien, en los últimos años del reino de Granada, la solidaridad agnática en los descendientes de los grupos nómadas aún desempeñaba un importante papel, llegando a contabilizarse hasta 32 linajes. Los zegríes decían descender de los antiguos califas de Córdoba, los abencerrajes, procedentes de Arabia eran muy orgullosos, otros eran oriundos de Fez, Trecmecén, etc., y, por supuesto, había numerosos linajes nómadas.

A lo largo de los 10 años que duró la guerra, en el bando cristiano se fue creando un cuerpo de ejercito regular a partir de las mesnadas señoriales, a las que se incorporaban las milicias de las grandes ciudades Béticas del sur, alcanzando un volumen de 13.000 jinetes y 50.000 peones. A ello, hay que añadir las operaciones de bloqueo naval que realizaron las marinas castellana y aragonesa, para impedir la llegada de refuerzos de África (Eslava Galán, 2004).

Málaga, tras un asedio combinado por tierra y mar fue conquistada en 1487. Dos años después caían Vera, Mojacar, Nijar, Vélez Blanco, Vélez Rubio, Tabernas, Purchena y Baza. El Zagal, ante estos reveses, especialmente el asedio de Baza, negoció con los reyes de Castilla y Aragón sus posesiones en el valle de Lecrín, con el titulo de Rey, a cambio de rendir sin lucha las ciudades de Guadix y Almería.

Hacia 1490, Muhammad XI (Boabdil) disponía de un contingente de unos 60.000 hombres de armas, que no lanzó al combate contra sus atacantes, pero tampoco entregó la ciudad de Granada como estos le pedían. El rey Fernando entonces hizo públicos los pactos que habían firmado con él para desprestigiarle, y puso sitio a la ciudad. Mientras el cerco se fue haciendo cada vez más duro para los granadinos, el negociador Hernando de Zafra fue elaborando poco a poco unas *Ca-pitulaciones* con distintos lideres políticos de la corte nazarí en las que Boabdil se comprometía a entregar Granada si los reyes cristianos le garantizaban un señorío en las Alpujarras, donde podría retirarse con su corte. Los musulmanes que permanecieran en Granada pasarían a ser súbditos de la corona de Castilla, ejerciendo libremente su religión y conservando sus legítimas propiedades y libertades.

En la ciudad había gran confusión, porque una parte de la población quería entregar Granada y otra resistir y luchar. Boabdil permitió secretamente que una guarnición cristiana ocupara la Alcazaba, lo que desanimó definitivamente a los partidarios de la resistencia. La *Capitulación* se firmó el 2 de enero de 1492, entrando el Cardenal Mendoza en la Alhambra, donde hizo ondear el Pendón Real en la Torre del Homenaje, mientras Boabdil salía a la orilla del Genil para entrevistarse con los Reyes Isabel y Fernando, recuperar a su hijo cautivo y partir a sus propiedades de las Alpujarras.

Pero su estancia en las montañas fue corta, porque Fernando le presionó insistentemente para que le vendiera sus dominios de Laujar de Andarax, forzándole a dejar la Península. Así, Muhammad XI, el último rey musulmán de Al-Andalus, partió hacia Fez, donde moriría luchando al lado del Califa unos años después. Una gran parte de la nobleza granadina se trasladó a Tetuán, reconstruyendo la ciudad (Eslava Galán, 2004).

Pocos años después (1499), en una visita que hicieron los reyes a Granada, comprobaron con asombro que se respiraba el mismo ambiente que en cualquier ciudad musulmana de Marruecos, aunque la Alhambra la ocupaba una guarnición castellana. Molestos por esta situación, encargaron al Arzobispo de Granada que pusiera en marcha un plan acelerado de conversiones masivas para cristianizar a la población en poco tiempo. Pero para imponer por la fuerza un cambio de religión y de estilo de vida a los habitantes de una ciudad de la importancia de Granada había que incumplir los acuerdos firmados con el monarca nazarí, lo que desató numerosas revueltas populares, que dieron paso a una guerra abierta; la cual era el pretexto que los reyes necesitaban para dejar sin efecto oficial los acuerdos de 1492.

Y así, una cédula real de febrero de 1502 obligaba a todos los mudéjares del reino de Castilla a escoger entre la conversión al cristianismo o el destierro (en Aragón se aplicaría en 1525). Prácticamente todos se convirtieron, por lo que oficialmente no quedó ningún musulmán en Castilla, motivo por el que a partir de ese momento se los llamó moriscos. Tanto esta "conversión" masiva, como otra de 1568 no supusieron ninguna crisis similar a la que sufrieron los judíos conversos, ya que los musulmanes granadinos se dieron cuenta que la Inquisición solo quería obligarlos aparentar que creían (Jiménez Lozano, 1982).

Tras la conquista de Granada, las migraciones de población musulmana eran continuas e intensas por el Mediterráneo, lo que unido a las continuas incursiones que los piratas berberiscos hacían en las costas del sur peninsular, con los consiguientes robos y apresamientos, hicieron sospechar a las autoridades que Granada podría convertirse en cabeza de puente de una invasión naval musulmana a gran escala, sobre todo teniendo en cuenta que en 1560 la población granadina se componía de 125.000 cristianos y 150.000 moriscos, aproximadamente (Lynch, 1992). En 1566 se promulgó un edicto que obligaba aprender castellano a los moriscos granadinos en un plazo de 3 años; transcurridos estos, sería un delito hablar árabe. Además, se les prohibía usar sus nombres originales, vestimentas y ceremonias tradicionales, especialmente la práctica del baño. El objetivo de estas normas era acabar con la identidad cultural de los moriscos. A pesar de sus protestas y de las prolongadas negociaciones que establecieron con las autoridades para retrasar o impedir la aplicación del edicto, la nochebuena de 1568 prendió la insurrección en las montañas alpujarreñas. El líder del movimiento era Aben Humeya (Fernando de Valor), descendiente de los califas de Córdoba.

En la lucha se estima que tomaron parte entre 4.000 y 30.000 moriscos, que recibieron ayuda militar y alimentos de Argel, principalmente. Durante el primer año las hostilidades se desarrollaron en un extenso territorio de difícil acceso, donde los pueblos se declaraban independientes y se producían numerosas emboscadas y ataques a la población cristiana, sin que se viera un final claro a las hostilidades. Entonces, cuando menos se esperaba, el sultán otomano Selim II sacó de puerto su formidable flota y todo el mundo contuvo la respiración durante varios días, porque de haber desembarcado en Almería o en Adra, en lugar de atacar Chipre, la historia se hubiera escrito de manera diferente. Recuperado del susto, Felipe II en 1570, encargó a Juan de Austria la dirección de una campaña militar con tropas regulares de Italia, hasta que sofocaron la rebelión por completo.

En el desarrollo de los acontecimientos militares, dos jefes rivalizaron por la dirección del movimiento morisco, pertenecientes ambos a linajes tradicionalmente enemigos. Aben Humeya era descendiente de los abderrahmanes, mientras que Abenfaráx era abencerraje. La solidaridad agnática reaparecía con fuerza en un momento decisivo, pero de manera imprevista y envuelta en traiciones. Posiblemente los moriscos perdieron la guerra porque, como señala Baroja (2003), no supieron superar un sistema que unía a la parentela contra el enemigo común solo cuando lo decidía el jefe.

La derrota de las Alpujarras supuso para 80.000 granadinos musulmanes el destierro a diversas zonas del norte peninsular, principalmente Valencia y Aragón, donde se especializaron en los cultivos de arroz y caña de azúcar. Pero en las nuevas zonas de asentamiento los campesinos cristianos los consideraban satélites de la aristocracia terrateniente a la que servían, por lo que sentían resentimiento hacia ellos. Por otra parte, crecían más deprisa que el resto de la población cristiana. El resultado de estos cambios de población dio como resultado que las ciudades eran cristianas, pero los suburbios eran moriscos; las ricas tierras de las llanuras eran cristianas, pero las zonas de monte bajo y montaña eran moriscas, y ambos mundos, de esta forma, nunca se encontraban (Lynch, 1993). A estas nuevas comunidades arrancadas de Granada y las Alpujarras les persiguió la obsesión religiosa y la envidia popular, hasta que, finalmente, fueron deportados a África en 1609 por el rey Felipe III, a pesar de la fuerte oposición que la nobleza valenciana ejerció en la corte para que no se ejecutara esta medida (Eslava Galán, 2004).

Bajo la amenaza turca y la presión continua de la Inquisición, el 22 de septiembre de 1609 se publicó en Valencia el Edicto de Expulsión, el cual concedía tres días para que todos los moriscos se dirigieran a los puertos de Alicante, Dénia y Alfaques para su traslado a puertos africanos. El 20 de octubre estalló una rebelión en el valle de Ayora, donde participaron 60.000 moriscos y unos días después otros 15.000 se levantaron en las costas levantinas, pero ya era tarde para que el movimiento triunfara, y a finales de noviembre se habían rendido.

Se estima que salieron entre 250.000 y 300.00 moriscos, aunque muchos consiguieron permanecer de incógnito. Y otra vez volvieron a repetirse las desgarradoras escenas de dolor de un segundo éxodo, esta vez de población musulmana, pero más numeroso que el de los sefarditas de 1492. Los que ahora partían dejaban atrás una tierra que era tan suya como de los cristianos con los que habían vivido siempre, porque sus antepasados llevaban viviendo en ella muchas generaciones (Jiménez Lozano, 1982).

La pérdida, alrededor de un 4 % de población, es la magnitud que se calcula fue expulsada. Puede parecer insignificante, pero hay que tener en cuenta que entre la población activa de los moriscos no había hidalgos, soldados, sacerdotes, vagos y mendigos, y que constituían la mejor fuerza laboral de la época (Lynch, 1993). Valencia perdió un tercio de su población y 40 años después extensas zonas agrícolas seguían despobladas. Para algunos, Castilla se desquitaba así de la negación de apoyo de Aragón y Valencia en la guerra contra los Países Bajos.

EL ASALTO DE ÁFRICA

En 1494 Portugal y España acordaron en Tordesillas delimitar el Atlántico y sus zonas de influencia en el continente africano, para evitar conflictos armados. Castilla y Aragón a partir de ese momento tenían las manos libres para intervenir en las costas mediterráneas, donde se enfrentaron al poderoso monopolio portugués y de paso vigilaron la piratería que operaba en las costas andaluzas y levantinas. Pero detrás de estos hechos la reina Isabel acariciaba un sueño persistente: iniciar una nueva *Guerra Santa* para conquistar África, en nombre de la fe. Así lo escribió en su testamento y así lo corrobora la bula papal del 1495, que concedía a los Reyes Católicos los reinos y señoríos por conquistar en África. Y, en efecto, tras la *Guerra de Granada*, se emprendieron los preparativos para la ofensiva litoral norteafricana, paralelamente a los viajes a las indias occidentales recién descubiertas. Pero la conquista de África fracasó en lo fundamental por la fuerte resistencia encontrada, aunque se conquistaron algunos enclaves estratégicos costeros. Fruto de esta frustración político-militar fue tomando cuerpo en la imaginación colectiva el mito de que los enemigos del sur, a los que se quería conquistar, eran temibles guerreros (Martín Corrales, 2002). En 1497 el duque de Medina-Sidonia fletó una expedición naval que confió a Estopiñan, que se hizo con Melilla y poco después con el Peñón de los Vélez. Cuando los turcos otomanos conquistaron Argelia, Felipe II y el sultán Abdul-Malik alMoatessem Billah de Marruecos firmaron una alianza contra el Califa de Constantinopla, que se mantendrá hasta finales del siglo XVI, cuando el imperio turco renunció a expandirse hacia el Mediterráneo occidental. Pero este tratado defensivo hispano-marroquí produjo otra alianza turco-portuguesa, que aprovechó el rey Sebastián de Portugal para lanzarse sobre Marruecos, donde murió en la batalla de Ksar el-Kebir (Alcazarquivir) en 1578, coyuntura que le sirvió a Felipe II para anexionarse Portugal y las ciudades bajo dominio portugués de Ceuta, Tánger y Mazagán (El-Jadida).

La presión naval sobre las costas norteafricanas se mantuvo durante muchos años, conquistándose un conjunto de enclaves, plazas o presidios, algunos de los cuales volvían a perderse y recuperarse, en un continuo juego de influencias que cambiaba de signo con frecuencia. Así ocurría con Melilla (1497), Mezalquivir (1505), Orán (1510-1708, 1732-1791), Peñón de Vélez de la Gomera (1508-1522, 1564 hasta la actualidad), Peñón de Argel (1510-1529), Bugía (1510-1555), Goleta de Túnez (1535-1573), Trípoli (1510-1551), Larache (1610-1689), La Mamora (1617-1681), Peñón de Alhucemas (1673 hasta la actualidad). A lo que hay que añadir las intervenciones militares en los Balcanes, Malta y Lepanto.

Pero junto a las conquistas hay que anotar también las derrotas

130

sufridas en Djerba (1510), Gelves (1560), Mostaganem (1558), la Goleta de Túnez (1574) y Argel (1510, 1516, 1519, 1535, 1541) (Martín Corrales, 2002). Las ciudades de Ceuta y Melilla fueron asediadas en varias ocasiones, pero fue el hostigamiento corsario a las costas andaluzas y levantinas, con los consiguientes apresamientos de naves y cautivos lo que mas daño produjo, saldándose con miles de bajas humanas y cuantiosas pérdidas en naves y en el pago de rescates, como le sucedió a Miguel de Cervantes y a tantos otros. La imagen negativa que los cristianos fueron haciéndose de los musulmanes a lo largo de los siglos, tiene sus orígenes en los combates más duros que mantuvieron contra los almorávides y almohades. Con el paso del tiempo se fue forjando un estereotipo negativo basado en el color oscuro de la piel y otros atributos como la traición, la falsedad, la maldad, la crueldad y la cobardía; a lo que se añadió también una sexualidad desenfrenada. Sin embargo, este cliché tan exagerado estuvo siempre acompañado de otro más neutro, e incluso positivo, ya que muchos distinguían positivamente a los andalusíes y árabes de los beréberes norteafricanos. Se fue creando una mixtificación del musulmán "bueno" con el que los cristianos podían hablar y entenderse, si bien se trataba de una corriente minoritaria propiciada por los comerciantes españoles que se instalaron en puertos musulmanes, por las grandes oportunidades de negocio que estos ofrecían. Pero una vez que se deportó a los últimos moriscos y la frontera quedó establecida en el Mediterráneo, los cristianos y los musulmanes, que hasta entonces habían convivido en la península, fueron perdiendo de vista sus contornos humanos y se intensificaron más los estereotipos.

En la segunda mitad del siglo XVIII se firmaban nuevos tratados de paz y amistad (1767) con la nueva dinastía alahuita de Marruecos, con el imperio otomano (1782), con Trípoli (1784), con Argel (1786) y con Túnez (1791). Lo que mejoró el entendimiento mutuo e impulsó la corriente minoritaria que reconocía las cualidades de los musulmanes. Pero a principios del siglo XIX las potencias europeas decidieron imponerse a los musulmanes del Magreb y de Oriente Medio, para controlar su economía y recursos naturales

(Martín Corrales, 2002). España en esa época estaba perdiendo sus colonias americanas y el importantísimo monopolio del comercio marítimo que mantenía con ellas, por lo que se planteó buscar territorios substitutivos, poniendo sus ojos de nuevo en Marruecos. A pesar de encontrarse dividida y *sin pulso* fue capaz de poner en marcha la denominada *Guerra de África* (1859-1860) que finalizó con la toma de Tetuán por el ejército expedicionario.

Esta intervención militar se justificó por los continuos ataques de las naves marroquíes a las españolas de Ceuta y Melilla y el hostigamiento de los piratas desde el litoral del Rif a las costas del sur español. Aunque la victoria no dio a España el rango de gran potencia que buscaba, ni resolvió los conflictos de fondo, le permitió, al menos, ampliar los limites territoriales de Ceuta y Melilla, el control de aduanas marroquíes para cobrar la indemnización impuesta, el control consular, el derecho de pesca en los caladeros saharianos, y, sobre todo, dio la oportunidad de tomar posiciones para el reparto colonial que se avecinaba.

A pesar de que Inglaterra impidió que las tropas españolas se apoderaran de Tánger, forzando su salida de Marruecos, la presencia española a partir de ese momento seria muy intensa en la vida marroquí, si bien no aportó un conocimiento real del país, ni de sus tradiciones y forma de vida. La imagen que se cultivó de Marruecos fue la que inspiraba el orientalismo europeo de la época: un mundo exótico, suntuoso, decadente y sexual. La visión que se tenía de los marroquíes era la de un pueblo inferior, sumido en la arbitrariedad y el salvajismo (Martín Corrales, 2002).

Pero la presencia colonial y comercial hizo que naciera el llamado *Movimiento Africanista Español,* respaldado por importantes personalidades políticas, intelectuales y militares, cuyo objetivo era la "penetración pacífica", con la romántica esperanza de que la expansión colonial pudiera hacerse sin recurrir a las armas. A tal fin desplegaron una gran actividad cultural, creando diversas sociedades geográficas y publicaciones de arabismo, desde las que se organizaron muchas conferencias y actos públicos en varias ciudades españolas. Esta política colonial era la misma que seguían otras potencias coloniales y se basaba en la idea de que fomentando las relaciones mercantiles y culturales se podría colonizar y "civilizar" el territorio de manera casi paternal.

Pero las cosas no salieron como se habían previsto y la ocupación pacífica, basada en la superioridad económica, política y militar fracasó, porque no se pensó que pudiera surgir resistencia en la sociedad autóctona. Si convencer a los marroquíes de las bondades españolas ya tenía sus dificultades, hacerlo en competencia abierta con Francia e Inglaterra, que disponían de mayores y mejores medios, hacia la empresa muy difícil. Y eso, unido al desconocimiento real que se tenia del país, a la precipitación con que se actuó en algunos casos, y a la soberbia de algunos jefes militares, hizo que se cometieran graves errores (Martín Corrales, 2002).

La primera sorpresa surgió en la *Guerra de Melilla* de 1893, y a pesar de que fue un incidente fronterizo menor obligó al envío de tropas, poniendo en duda la "penetración pacífica". El conflicto se desencadenó porque se querían construir unas fortificaciones en terrenos que para los marroquíes eran sagrados. Ello desencadenó un enfrentamiento y se decidió proporcionar a los nativos un *castigo*. Este mismo error de falta de sensibilidad religiosa volvería a repetirse en 1909 con las tribus vecinas de Melilla, cuando se construía un ramal ferroviario en las proximidades de un morabito. Los rífenos, ante la insistencia española, reaccionaron violentamente contra los trabajadores civiles, con el trágico resultado de varios muertos. Entonces, los combates se generalizaron, hasta llegar a la conocida emboscada del *Barranco del Lobo*, en la que una unidad española sufrió cuantiosos muertos.

A pesar de que algunas figuras nacionales de la cultura abogaran entonces por la solidaridad, la fraternidad y la igualdad entre cristianos y musulmanes, el deseo de venganza se generalizó en la opinión pública española y la prensa acentuó el viejo cliché de la naturaleza salvaje de los marroquíes, a los que se presentaba como feroces, crueles y traicioneros enemigos. El conflicto militar se saldó con una precaria victoria española, que en modo alguno resolvió las dificultades de fondo para conseguir el tan deseado avance pacífico. A partir de ese momento, la colonización se hacía con fusiles y dinero, comprando las voluntades locales. El protectorado francés de Marruecos se instituyó en 1912, asignándole a España la zona norte marroquí, montañosa y escasamente comunicada. La población no superaba los 700.000 habitantes, siendo sus núcleos urbanos más importantes Tetuán (20.000 habitantes) y Larache (5.000 habitantes). La población campesina se estructuraba en un complejo sistema de 70 cábilas, sin un poder centralizado fuerte. El despliegue de las tropas españolas se inició en los años siguientes, desatándose al poco tiempo una guerra que duraría hasta 1927, la cual enfrentó a españoles contra marroquíes rifeños. Los enfrentamientos se produjeron principalmente en la zona central del Rif, con cuantiosas bajas por ambas partes, y su momento álgido ocurrió en la batalla de *Annual* en 1921, dirigida por el líder Abd el-Krim. El terreno montañoso hacía que los avances rápidos de las líneas españolas no pudieran proteger las retaguardias, a lo que hay que añadir que los parapetos o blocaos se situaban en elevaciones del terreno, lo que obligaba a bajar a buscar agua a los valles, donde se producían múltiples emboscadas por las fuerzas sitiadoras.

Las cuantiosas pérdidas humanas sufridas en Annual, lejos de detener la sangría de una ya costosa guerra, avivó en la sociedad española un fuerte sentimiento de venganza. El clamor popular facilitó que en colaboración con Francia se acometiera un desembarco naval de tropas a gran escala, que finalmente daría la victoria a los aliados en 1927, finalizando al poco tiempo la guerra.

Pero sólo nueve años después, en Melilla, comenzaba otra guerra más sangrienta aún, que contó con la participaron de entre 60.000 y 100.000 marroquíes, en los tabores de Regulares. Los sectores republicanos se indignaron cuando se percataron de que los sublevados incorporaban tropas africanas en su ejército regular, y confundieron a los Regulares con todo el pueblo marroquí, atribuyéndoles toda clase de excesos. El terror psicológico que desataron los soldados marroquíes del ejército sublevado en las filas republicanas sería equiparable al de los gurkas del Reino Unido en los soldados argentinos, en la guerra de las Malvinas de 1982.

En cuanto a la imagen de los marroquíes en la guerra civil española hay dos visiones paralelas. La de soldados crueles y desenfrenados sexualmente, y la de compañeros de armas, muy apreciados por sus virtudes de disciplina y capacidad de despliegue. Pero no deja de ser curioso, que los defensores de la religión católica incorporaran en sus filas unidades de musulmanes, y que no tuvieran escrúpulos en llamar "Cruzada de Liberación" a una causa que guardaba similitudes históricas con la "Reconquista". Llama la atención que 1225 años después de la batalla de Guadalete, un contingente similar de tropas al que comandaron Tarik Ibn Ziyad y Musa Ibn Nusayr, realizaran el mismo recorrido: Marruecos-Pirineos, con aliados peninsulares. Acabada la guerra, las tropas musulmanas de Marruecos, como integrantes del ejército victorioso, desfilaron con la bandera del Jalifa en importantes actos militares. Además, el Régimen del general Franco permitió libertad de movimientos a los nacionalistas marroquíes, organizó peregrinaciones a la Meca y construyó mezquitas y diversas obras sociales, además de crear la famosa Guardia Mora, al servicio del Jefe del Estado. En los años de posguerra mejoró mucho la imagen de Marruecos en España y en el extranjero (Martín Corrales, 2002).

¿Cabe mayor tolerancia y sincretismo de encuentro entre pueblos cercanos, cuando las circunstancias son favorables?

Los mayores defensores del catolicismo los vemos caminar al lado de sus aliados musulmanes, y aunque tradicionalmente han sido enemigos, ello no es óbice para que mantengan unas fluidas relaciones, en un clima de confianza ¿Se puede pedir más? Es cierto que el *Régimen* se encontraba entonces aislado internacionalmente, por lo que orientó parte de su política exterior hacia el mundo árabe, ya que Occidente le negaba legitimidad democrática. Pero el experimento ocurrió realmente, aunque duró poco y las fantasías de un futuro compartido se desvanecieron de golpe una mañana que el Marruecos francés consiguió la independencia y Madrid no tuvo más remedio que concederla también en 1956, a regañadientes, para combatir al lado de Francia al recién creado Ejercito de Liberación Nacional (ELN) en la guerra Ifni-Sáhara de 1958. El Gobierno de Madrid vivió aquella prematura emancipación como una inmerecida traición a sus desvelos, y tardaría bastantes años en recuperarse de esa herida. Mientras los empresarios españoles salían a toda prisa de Marruecos, las relaciones diplomáticas entre Madrid y Rabat empezaron a enfriarse y a distanciarse.

EL PRESENTE ENCASQUILLADO

El extenso territorio del Sahara Occidental, situado frente al archipiélago canario, fue ocupado en 1884 por España, para fortificar algunos enclaves, como Villa Cisneros (1885), Cabo Juby (1916) y la Güera (1920) para proporcionar seguridad a los pescadores canarios y a las embarcaciones españolas que tocaban la costa, del peligro de ser apresados y esclavizados por las tribus locales (Martín Corrales, 2002). Las relaciones que los militares mantuvieron con las tribus de la zona fueron en general positivas y sin los enfrentamientos bélicos que se produjeron en el Rif. Y de ese encuentro, tolerado por unos y amistoso para otros, nació la imagen positiva del *saharaui lealy amigo* ("los hijos de las nubes"), al que se considera desde entonces un noble guerrero, a pesar de que también es musulmán. Tras la frustrante independencia marroquí se cultivó el estereotipo del saharaui-bueno, para compensar los desaires marroquíes.

En los años 50 se descubrieron yacimientos de fosfato en el Sahara y se comenzó la construcción de infraestructuras, pero la debilidad de los últimos años del franquismo ante la presión de Marruecos (Marcha Verde) propició su abandono en unas condiciones que muchos consideraron vergonzosas. Desde 1975 la República Árabe Saharaui Democrática (RASD) está en conflicto con Marruecos, porque aún no se ha celebrado el referéndum que la ONU ordenó cuando España cedió el control administrativo.

Los conflictos de pesca se intensificaron cuando Marruecos amplió sus aguas jurisdiccionales hasta 70 millas, produciéndose apresamientos y ametrallamientos de pesqueros españoles. Pero desde 1986 la UE negocia directamente con Marruecos la utilización de sus caladeros. Ceuta y Melilla es otro importante escollo en las relaciones bilaterales y su solución es complicada. Muchos piensan que si alguna vez la población mayoritaria de esas ciudades expresa su voluntad de integrarse en Marruecos el problema puede entrar en vías de solución, pero eso puede que no llegue a ocurrir nunca por diversos motivos. Sin entrar en las razones de fondo que asisten a las dos partes, no hay duda que Ceuta y Melilla son dos laboratorios vivos de multiculturalismo, de los que se puede aprender mucho.

Para resumir, podemos afirmar que después de tres milenios de encuentros y desencuentros, la imagen mayoritaria que los españoles tienen del marroquí, arroja un balance más negativo que positivo, a pesar de que, en paralelo, siempre ha existido una visión minoritaria mas realista y objetiva, que ha destacado los aspectos positivos de nuestros vecinos del sur. Los factores que más han influido en el imaginario colectivo español son la reconquista medieval, la frustrada expansión en África, los ataques y secuestros corsarios, los asedios a los presidios españoles, la Guerra de África, la Guerra de Melilla y la gran escalada bélica entre 1909 y 1927, en el intento de consolidar el dominio colonial español.

Otros aspectos que también hay que tener en cuenta son la presencia de tropas marroquíes en la Guerra Civil Española, la precipitada descolonización de Marruecos de 1956, la guerra de Ifni-Sáhara (1958-1959) y la descolonización del Sahara Occidental en 1976, por la presión de la Marcha Verde de Marruecos. Por el contrario, cuando las relaciones han sido pacificas, se ha desarrollado un cierto paternalismo español, que ha enmascarado la realidad marroquí, idealizándola, o, simplemente, ignorándola. Pero, en cualquiera de los casos, las relaciones con los pueblos del norte de África siempre han existido y son más importantes de lo que reconocemos, a pesar de que pocas veces se ha disfrutado de periodos prolongados de relaciones pacificas y estables, pese a lo cual, cuando se han producido han sido positivas.

Ahora el discurso es de tolerancia hacia el "otro" desde valores democráticos, que buscan el encuentro pacifico y respetuoso con otros pueblos. Los nuevos paradigmas suavizan la visión negativa que el pasado nos ha legado, pero solo superficialmente, puesto que en la calle los estereotipos siguen vivos cuando se escarba un poco. Por tanto, es un buen momento para sustituir las viejas creencias por otras que favorezcan la universalidad y mejoren las relaciones interculturales. Es necesario comprender que las cosas no son tan simples como nos han contado, en términos dicotómicos: bueno-malo, amigoenemigo, y, sobre todo, que es posible la cooperación y el encuentro con el otro, si verdaderamente nos lo proponemos.

LA IMPRESCINDIBLE COOPERACIÓN

El gran salto en las relaciones diplomáticas Hispano-Marroquíes se dio con la firma del *Tratado de amistad, de buena vecindad y de cooperación* de julio de 1991, siendo el primero de estas características que suscribía España con un país árabe. El objetivo que se quería conseguir era el conocimiento mutuo de los idiomas y las culturas, así como intensificar los contactos profesionales, universitarios y científicos; a la vez que se planteaba acometer programas de desarrollo (Moha, 1992). Los resultados, tras 17 años de vigencia, son ciertamente insuficientes. Puede que se hayan realizado intercambios institucionales, pero el tratado no ha calado en el tejido social español, por lo que es necesario dotar de mayores medios a este tipo de acciones bilaterales y hacer que se impliquen más actores sociales de ambos países en su aplicación. En marzo de 1999 se creó en Sevilla la fundación *Tres Culturas* entre el reino de Marruecos y la Junta de Andalucía del estado español, como foro que pretende promover el encuentro entre pueblos y culturas del Mediterráneo, sobre la base de valores de paz, tolerancia y dialogo.

A dicha fundación pertenecen el *Centro Peres por la Paz, la Autoridad Nacional Palestina* y otras personalidades e instituciones de relevancia. La Fundación entiende que la cultura y el arte son los mejores vehículos para fomentar la paz y el desarrollo regional y ofrece publicaciones, seminarios, conferencias internacionales. A la cabeza están los reyes de Marruecos y España y la dirección corresponde al Presidente de la Junta de Andalucía. En cuanto a declaración de intenciones hay que reconocer que es un buen proyecto, que cuenta con el más alto apoyo institucional. Sin embargo, todavía no son palpables los resultados, porque no se conocen programas culturales de gran impacto, desde los medios de difusión. Es, por tanto, otro proyecto interesante, pero sin el alcance necesario.

El proyecto más ambicioso que se ha puesto sobre la mesa común de trabajo es, sin duda, la construcción de un enlace (túnel o puente) que conecte los dos lados del Estrecho de Gibraltar, con unas previsiones de tráfico de 10.000.000 pasajeros/año y 5.000.000 toneladas-mercancías/año (Moha, 1992). Se trata de un proyecto técnico, dado a conocer en varias ocasiones por ambos gobiernos, que luego hiberna durante largos periodos sin que se conozca el progreso de las negociaciones o el estado del diseño tecnológico, aunque cabe suponer que los problemas técnicos se supeditan a los vaivenes políticos del momento.

En cuanto a la economía de Marruecos, es bien sabido que todos los productos que exporta (agrios, frutas, conservas, aceite, pescado, textiles, cuero, etc.) compiten con los de España y Portugal. A esto se añade que la UE mantiene un alto volumen de intercambios (65% de importaciones y exportaciones) con los países del

Magreb, y que desde 1975 mantiene acuerdos de acceso preferente con estos estados, cuando son compatibles con la política agraria común, además de una línea de donaciones y préstamos. Así pues, nos encontramos frente a un competidor que necesita vender sus productos agrícolas en mercados donde tradicionalmente han operado murcianos, almerienses y otras regiones españolas, lo que se hace duro de asumir.

Pero la solución a este reto no puede pasar por obstaculizarles el acceso o volcar sus camiones como hicieron los agricultores franceses con los nuestros, hace pocas décadas, porque además de no ser una solución ni inteligente ni justa, de seguirla terminaríamos empleando la violencia contra todo aquel que nos molestara. ¡No! La solución pasa por reconocer y aceptar que hay que competir empresarialmente, incrementando la eficiencia de nuestras organizaciones, mejorando la calidad de los productos y servicios y buscando nuevas oportunidades de negocio. En definitiva, se trataría de colaborar bilateralmente, aprovechando las oportunidades que hay en los dos estados, que no son pocas.

La apuesta que Marruecos ha hecho a largo plazo -no lo olvidemos- es incorporarse a la UE. La monarquía Alahuita ha argumentado en varias ocasiones que su país es un aliado histórico de Europa, por su orientación*democrática y liberal*. En la década de los años 80 el rey Hassan II explicaba que los acuerdos de cooperación existentes en aquel momento eran insuficientes y que si finalmente se construía el enlace fijo entre Marruecos y España, los lazos de cooperación de su país con España, Portugal, y el resto de la UE, deberían estrecharse, ya que el enlace conectaría Europa con el Magreb, convirtiéndose Marruecos en la puerta de entrada a ese nuevo*mercado común* del norte de África.

¿Va a convertirse en realidad este proyecto alguna vez? Los escépticos opinan que es irrealizable, porque pueden emplearse otras vías de transporte alternativo más rentables... pero su construcción es, teóricamente, posible y no puede descartarse ninguna opción a priori. Ahora bien, convendría hacernos algunas preguntas obvias: ¿constituye el *enlace* una oportunidad histórica para Andalucía?, ¿podría ser un motor para nuevos negocios, empresas mixtas, inversiones de capital, exportaciones, turismo, etc.? Un debate a fondo sobre esta cuestión no vendría mal, sin olvidar que las cámaras de comercio andaluzas deberían patrocinarlo e impulsarlo, con la certeza de que muchos ciudadanos y colectivos lo verían con interés y se incorporarían al mismo. Pero si en lugar de apostar por la normalización de relaciones con Marruecos nos orientamos hacia la no-cooperación, como algunos propugnan, continuaremos dando la espalda a nuestros propios intereses.

Algo así ocurrió en Almería, cuando en los 90 una naviera londinense solicitó la línea de pasajeros Almería-Nador, apoyándose en la nueva legislación comunitaria. Como la Administración española no terminaba de conceder los permisos necesarios, o los demoraba por falta o exceso de interés, un día, y ante la sorpresa de todos, la empresa anunció que su barco "desembarcaría" en el Puerto de Almería, con los periodistas que quisieran acompañarles, tanto si contaban con la autorización como si no; lo que finalmente consiguieron, para chanza de los que paseábamos aquella mañana de sábado por el Puerto, entre sirenas de policía y operaciones navales de aproximación. Hoy el tráfico marítimo entre Almería y Nador funciona regularmente y en el Puerto de Almería operan varias navieras, pero entonces costaba mucho cambiar los comportamientos imperantes, sobre todo los mentales.

El arranque de la comunidad económica del Magreb se viene demorando por problemas internos entre sus socios, como sucedió al Mercado Común europeo en sus orígenes, pero tal vez sea un error pensar que un Magreb económicamente unido no va a prosperar. Puede que tarde tiempo, pero será una realidad con la que deberíamos empezar a contar ya. Inicialmente se fundó en Tánger, en abril de 1958, aunque no se concretó hasta la cumbre de Marrakech de febrero de 1989, con el nombre de **Unión del Magreb Árabe (UMA)**. Su objetivo es simple: la libre circulación de personas, mercancías y capitales, en un *mercado común*, cuyos estados comparten la misma lengua, cultura y religión (Moha, 1992).

Si la UMA se consolida y la cooperación norte-sur se intensifica, como es de desear ¿se construirá algún día el enlace en el Estrecho de Gibraltar, entre Europa y África? Aunque los problemas de ingeniería no son pequeños, los más peliagudos parecen estar en los planos político y económico, interviniendo factores muy diversos y complejos. En las futuras negociaciones no contarán únicamente los intereses marroquíes, españoles y portugueses, sino, sobre todo, los de la UE, UMA, y las grandes potencias económicas y políticas mundiales.

Como vemos, la construcción del túnel / puente puede alargarse, pero para ir asentando un programa de intercambios económicos, comerciales y culturales entre la UE y la UMA no es imprescindible disponer del enlace fijo. De hecho, la cooperación debería comenzar mucho antes, para que cuando los flujos estén bien establecidos comenzar la construcción del enlace. Por tanto, este razonamiento nos lleva de nuevo a las preguntas del principio. ¿Le interesa a Andalucía incrementar los contactos e intercambios comerciales y culturales con Marruecos y la UMA?. ¿Tenemos algo que dar y recibir de ellos?.¿Disponemos de empresas con conocimientos, tecnología y experiencia, que puedan operar en sus mercados?. ¿Estamos dispuestos a mantener una presencia cultural y empresarial en los países del Magreb?

A Marruecos se le percibe como un peligroso competidor, y, ciertamente, lo es. La historia nos ha enseñado que los marroquíes pueden ser temibles adversarios, pero dicha imagen es incompleta y simplista, porque deja fuera de foco iniciativas comunes que podrían abordarse con grandes posibilidades de éxito desde la colaboración. Bastaría con adoptar la actitud adecuada para que las cosas fluyeran de otra manera.

¿HACIA DÓNDE MIRA ANDALUCÍA?

Cuando se llega de noche a Almería por barco o por la carretera de poniente, la Alcazaba iluminada sobrevuela la vieja ciudad medieval, creando una imagen fascinante. Los sobrios muros de la Alcazaba recuerdan los de Granada y otras construcciones defensivas árabes repartidas por la península. Pero en Almería, la combinación de piedra, sol y mar, produce un embrujo y una luz inolvidables. No en vano la levantaron los mismos albañiles del califato de Córdoba, cuando su flota amarraba en el Puerto de Almería.

Si preguntamos a un marroquí nombres de ciudades españolas, nos dará una nutrida lista, bien porque ya ha estado en España, bien porque tiene amigos o familiares que trabajan en la península desde hace años, o bien porque se ha documentado. Pero si la misma pregunta, esta vez sobre ciudades de Marruecos o Argelia, se la hacemos a un granadino o a un almeriense, nos llevaremos una desagradable sorpresa, porque de nuestros vecinos del sur apenas conocemos nada.

Sorprende el monumental desconocimiento que se tiene de los países del Magreb, a pesar de su cercanía física. Pero esa actitud, pocas veces reconocida abiertamente, la vemos como la cosa más natural del mundo, en vez de avergonzarnos, teniendo en cuenta que a la reciproca no ocurre lo mismo. Si a ello añadimos que muchos marroquíes hablan árabe, bereber, francés, español e inglés y conocen las costumbres españolas y francesas, el asunto da que pensar... Si ahora nos fijamos en la formación universitaria de las nuevas generaciones marroquíes, volveremos a sorprendernos, porque son competentes, trabajadores y están orgullosos de su identidad. Por tanto, cuando miramos hacia nuestros vecinos del sur ¿qué vemos de ellos?, ¿con qué ojos los miramos?, ¿qué filtros deforman nuestra percepción de la realidad?

Aunque algunos puedan molestarse por lo que voy a decir a continuación, creo que Andalucía ha perdido importantes referencias culturales exteriores con las que nutrirse, y que en otro tiempo fueron ricas e intensas, tanto se tratara de las flotas de galeones que desde Sevilla y Cádiz conectaban Europa con América, o de los continuos contactos marítimos que había con el norte de África y el Mediterráneo. Hoy la gente se mira el ombligo y se autocomplace hablando de la buena salud del flamenco, o comprobando como los toreros andaluces encabezan los carteles de feria de las principales plazas de América y España. Los Reales Alcázares, la Mezquita, y la Alhambra, llenan de turistas extranjeros las calles de las grandes ciudades andaluzas, y las cadenas hoteleras obtienen suculentos beneficios en cada temporada del turismo de sol y playa, que tanto les gusta a los europeos del norte. La Andalucía de montaña, la ganadera y la cerealista viven, sin embargo, a otro ritmo, pero la *siesta* se ha convertido en un mito universal con un indudable sello andaluz, así como nuestro alegre y elegante estilo de vida. Y estos tópicos son, en efecto, algo más que frases dichas de corrido: nos confieren unas señas de identidad poderosa e inconfundible.

Galicia se mira, en las mañanas de niebla, en las tradiciones celtas, porque conecta fácilmente con Irlanda. Aragón, Navarra, El País Vasco y Cataluña, miran mas allá de los Pirineos hacia al Languedoc francés, y muchos de los que viven cerca de la frontera vasco-francesa van al dentista de San Juan de Luz. Si Valencia se ha proyectado siempre hacia Italia… ¿hacia dónde y hacia quién mira Andalucía?, ¿de qué otros pueblos y culturas se siente cerca nuestra gente?

Cuándo nos empeñamos en negar las evidencias más visibles, nos replegamos hacia un narcisismo, que Antonio Machado describió muy bien. "Todo narcisismo es un vicio feo y ya viejo vicio", porque los narcisistas cultivan una imagen distorsionada de sí mismos, con un fuerte componente de exhibicionismo, buscando ser admirados y estar siempre en escena. Es, al fin y al cabo, una forma de ser y estar en el mundo, pero es una forma de relacionarse con los demás que no permite aprender nada del otro.

Pueden venir millones de turistas todos los años, sin que nos quedemos con nada de valor de su forma de vida, porque nos hemos instalado en una autocomplacencia que nos inmuniza contra todo cambio e influencia externa, manteniendo nuestras tradiciones y nuestra forma de pensar. Es como si nos diera miedo abrirnos, porque en el fondo sintiéramos que si lo hacemos vamos a desaparecer como pueblo. En este sentido, somos una sociedad cerrada.

¿Por qué nos duele tanto reconocer el componente musulmán que la historia ha dejado en nosotros y la deuda intelectual que tenemos con su legado histórico? ¿O es que La Giralda de Sevilla, la Mezquita de Córdoba o la Alhambra de Granada la construyeron arquitectos castellanos o aragoneses? ¿Qué tiene de malo aceptar nuestra historia sin tergiversaciones?

La presencia musulmana en la península Ibérica, oficialmente, duró más de mil años, hasta 1609. La sociedad andaluza, por tanto, debería abrirse mucho más de lo que lo hace actualmente hacia Marruecos, Argelia y resto del Magreb. Puede facilitar la integración de los inmigrantes de estos países en las ciudades y barrios españoles, y puede abrir nuevas líneas de colaboración empresarial a los dos lados del mar. Pero para conseguir esto, primero tiene que aprender a pensar y sentir de otra forma, luego debe diseñar escenarios de encuentro con la población de estos países, y, finalmente, debe modificar las relaciones humanas propiamente dichas.

Una interesante línea de acción podría consistir en establecer convenios de colaboración e intercambio entre las cámaras de comercio de ciudades de ambos países, para intercambiar productos tradicionales, fomentar el turismo y aumentar el conocimiento recíproco. En virtud de los acuerdos que se establecieran, se podrían organizar semanas culturales, en las que se darían a conocer la gastronomía, la artesanía, la pintura, la música, etc. y se podrían impartir conferencias y formación.

¿Podemos imaginar por un momento el colorido que tendría la

145

Alcaicería de Granada con la artesanía de Fez, donde se pudiera comprar a buen precio productos tradicionales marroquíes? Ello sería un aliciente para el turismo de Granada. No hay motivo para que la riqueza intelectual, artística y humana de Marruecos y Argelia no pueda difundirse en Andalucía. El Magreb tiene mucho que ofrecernos, por lo que debemos crear una sólida red de relaciones culturales y empresariales con ellos.

Otra posibilidad, es la de hermanar ciudades que compartan vínculos históricos o posean similitudes de otro tipo. La experiencia de Purchena-Alhucemas, podría ser seguida por otros municipios y ciudades. La principal ventaja de los hermanamientos es que resultan fáciles de hacer, porque poner en contacto municipios de similares características y aprobar acuerdos comunes no es complicado. Una vez firmados los protocolos oficiales, solo quedaría desarrollar contactos periódicos y trabajar en los proyectos culturales, comerciales y empresariales que se quieran acometer, sin descartar los viajes turísticos. La recuperación de los cascos históricos de muchas ciudades andaluzas como zocos es otra posibilidad que podría ponerse en marcha si verdaderamente entendemos la multiculturalidad desde una perspectiva amplia. Podrían intensificarse los acuerdos de intercambio e investigación entre universidades, que pusieran en contacto a los estudiantes con realidades nacionales distintas. Las posibilidades, como vemos, son amplias y numerosos los proyectos que pueden abordarse.

UNA SOCIEDAD MULTICULTURAL

Hemos revisado los hitos más importantes de una historia común, pero negada, y los estereotipos que siguen vivos y dificultan la normalización de relaciones. En las calles y en los bares se escuchan a diario opiniones sobre unos inmigrantes que de repente han ocupado los espacios públicos, con un tono de racismo sutil, que pretende ocultar transigencia o intolerancia. Hay otros que no se andan tanto por las ramas y hablan como si continuaran en una guerra de reconquista mítica contra los infieles, lo que les impide confraternizar con el enemigo de toda la vida. Para estos, la presencia de musulmanes en las ciudades andaluzas dispara un mecanismo psicológico que se opone a que vuelvan, negando, al mismo tiempo, que Andalucía sea en parte, una construcción cultural de ellos.

La *aculturación psicológica* es un proceso que permite a las personas cambiar, por la influencia de otra cultura con la que se relacionan, en un proceso progresivo y recíproco. Si reconocemos el valor que para el inmigrante tiene mantener la identidad de su cultura de origen y lo importantes que pueden llegar a ser las relaciones que establezca con personas de la sociedad de acogida, la *asimilación* se producirá cuando se abandona la identidad cultural de origen, orientándose exclusivamente hacia la sociedad de acogida. Esta es la fórmula que prefieren la mayoría de los autóctonos, tal vez porque valoran poco las culturas africanas y sus costumbres, o tal vez porque consideran incompatibles ambas culturas, de cara a una convivencia intergrupal pacífica y democrática. Otra estrategia sería la integración, que tiene lugar cuando la identidad cultural del inmigrante se mantiene, pero, simultáneamente, se dan pasos de aproximación hacia la *integración* en la sociedad de acogida. La *exclusión* ocurre cuando el grupo dominante niega el acceso a los inmigrantes, mientras que en la *marginación* se pierde el contacto cultural y psicológico, tanto con la sociedad de origen como con la de acogida.

El equipo de investigadores de la Universidad de Almería, que encabeza la profesora Marisol Navas ha propuesto el *Modelo Ampliado de Aculturación Relativa* (MAAR) con el que investigan estos procesos en colectivos de inmigrantes magrebíes y subsaharianos. Sus predicciones teóricas establecen que las estrategias de aculturación entre inmigrantes y población autóctona variarán en función de múltiples elementos, y que tanto unos como otros se verán afectados por las interacciones que experimenten, y, en consecuencia, modificarán sus sistemas culturales de creencias. El proceso que tendrá que seguir la población de llegada para poder adaptarse es evolutivo, y el inmigrante irá cambiando sus estrategias de interacción en función de la evolución que sigan los acontecimientos; e igual sucederá a los autóctonos, a la reciproca. Para poner a prueba sus hipótesis han aplicado encuestas a muestras representativas de población inmigrante y autóctona, han organizado grupos de discusión, y han entrevistado en profundidad (historias de migración) a muchos inmigrantes que residen en Almería.

Un trabajo científico de estas características (Navas Luque, 2004), ofrece interesantes conclusiones que conviene tener en cuenta. Una de ellas resulta particularmente interesante, porque confirma que los almerienses tienen una imagen global más negativa de los inmigrantes magrebíes que de los subsaharianos. Esto es bien conocido, por los agricultores del poniente almeriense, que suelen preferir a los subsaharianos; pero lo sorprendente de la investigación es que estos últimos, no mantienen la misma reciprocidad y se sienten mas discriminados por parte de los españoles que los magrebíes, y, en consecuencia, manifiestan un mayor nivel de prejuicio. Los investigadores interpretan esto a partir de las mayores expectativas previas que traían los subsaharianos, por tener un menor conocimiento de la realidad española que los magrebíes. Y este es un dato importantísimo que debería hacernos reflexionar sobre el hecho de que a pesar del generalizado juicio negativo que la población almeriense tiene sobre los magrebíes, no ocurre lo mismo a la reciproca. Es decir, los magrebíes, en los grupos investigados, tienen un menor perjuicio negativo hacia la población autóctona española.

La población marroquí, y por extensión la magrebí, conocen mejor a los españoles que estos a ellos, tal vez porque sus estereotipos sean menores, lo que les permite hacerse una idea bastante objetiva de como piensan, y, sobre todo, como se comportan los andaluces.

La población autóctona de Almería, por el contrario, parte de un gran desconocimiento de la idiosincrasia y otros aspectos fundamentales de cómo viven los pueblos de la rivera sur mediterránea. La causa principal de este desconocimiento, es la pervivencia de estereotipos negativos recurrentes -como venimos señalando- mientras que la otra parte, no ve las cosas de la misma manera y define la realidad con otras claves, acaso más *objetivas*. Podemos decirlo de distintas maneras y cada vez más alto, si se quiere, pero no podemos decirlo mas claro. Bastaría con suavizar la visión "deformada" que tenemos sobre los magrebíes, para que las relaciones intergrupales con ellos mejoraran ostensiblemente.

Otro conjunto de valiosas aportaciones que el equipo de investigación de Navas nos ofrece son las derivadas del contacto entre grupos, al considerarlos una poderosa estrategia para reducir el prejuicio (hipótesis del Contacto). Según esta, las condiciones mínimas para que se de una reducción significativa del perjuicio, son el contacto continuado entre grupos y personas, que el proceso sea voluntario, que la finalidad de los encuentros sea la cooperación y no la competición encubierta, que se consigan éxitos tangibles, y que se cuente con apoyos institucionales efectivos. Otros aspectos que también recomiendan cuidar es que los contactos intergrupales sean de igual a igual, que de la experiencia vivida se consiga verdaderamente desconfirmar los estereotipos que se tenían del otro, y que las personas que participen en la experiencia pertenezcan y representen a sus engrudos respectivos, no actuando como miembros aislados. Todo ello, contribuirá a que los beneficios del contacto se generalicen al resto de los miembros. Por ultimo, aconsejan también que los escenarios sean compartidos por todos.

Las anteriores condiciones constituyen una guía de trabajo, que en manos expertas pueden ser de mucha utilidad para programas de acogida e integración, donde deben trabajar asociaciones de inmigrantes, ONG y las áreas de Participación Ciudadana y Atención Social de los ayuntamientos, al lado de las consejerías competentes de la Junta de Andalucía y la Administración Central. Los procesos de integración social, laboral y educativa de los inmigrantes no deben ser tratados sectorialmente, como población "especial", y, por tanto, diferentes del resto. Los inmigrantes deben participar en asociaciones de vecinos, de voluntarios, o de cualquier otro sector, según sus preferencias.

Un enfoque podría consistir en fomentar proyectos conjuntos que nacieran de los propios vecinos, en contacto con la población inmigrante. Ahora bien, muchos de los enfoques actuales no van en este sentido y fomentan marginaciones indirectas y un racismo sutil "políticamente correcto" que nos mantiene alejados del "otro" en lugar de acercarnos a el. Es cierto que los problemas de reagrupamiento familiar, de encontrar y mantener un trabajo, del idioma y de "los papeles" consumen mucha atención y energía, pero no se puede dejar de hacer una cosa por la otra, por lo que una planificación proactiva en esta materia resulta imprescindible. No será posible poner en marcha programas de gran alcance, si no se imparte una formación para el cambio y el crecimiento personal, dirigida al movimiento asociativo local, que haga reflexionar y sensibilice a los vecinos, no solo sobre la nueva realidad de los inmigrantes, sino sobre el multiculturalismo, la aplicación de los derechos humanos a todos los ciudadanos, la revisión de actitudes inconscientes y la participación con inmigrantes en diversas actividades en pueblos y ciudades. Una oportunidad para que el movimiento vecinal supere la crisis de representatividad que sufre puede venir precisamente de la inmigración, si es capaz de poner en marcha proyectos de acogida con visión.

Posiblemente la inmigración en el sur de Europa va a cambiar de sitio muchas cosas en la sociedad, creando nuevas oportunidades. En un mundo que avanza hacia una mayor justicia social, los procesos que fomenten la libre expresión de las culturas de origen y el intercambio abierto, avanzarán en la dirección correcta. La Administración debe acometer ambiciosos programas de formación, mediante talleres de sensibilización e interculturalidad, contratar traductores e intermediadores culturales y colaborar en la investigación científica, proporcionando escenarios donde estudiar los problemas más acuciantes.

Ya hemos sugerido actividades que pueden realizar las cámaras de comercio y los ayuntamientos en cuanto al hermanamiento de ciudades, por lo que este tipo de actuaciones debería encontrar su prolongación natural en las asociaciones de vecinos de los barrios y en las ONG especializadas en inmigración. Los inmigrantes, con su presencia nos ofrecen la oportunidad de abrirnos a nuevas realidades humanas y culturales. El atender sus necesidades es una obligación moral, por lo que debemos hacer los cambios necesarios en el seno de la sociedad para que ello se haga realidad, pero sin olvidar que con su esfuerzo laboral ellos también nos ayudan a incrementar nuestra prosperidad económica.

En algún momento de nuestra historia el encuentro con otras culturas y civilizaciones se hizo con pólvora y cañones. Hoy sabemos que hay que hacerlo mejor. La aculturación de los inmigrantes africanos presenta muchas dificultades de orden práctico, pero nuestra sociedad tiene capacidad para acoger en su seno una gran diversidad de personas de distintos pueblos. La integración es la actitud mayoritaria que expresan los inmigrantes encuestados, la cual es la mas respetuosa para con el otro y la que menor nivel de prejuicio manifiesta.

El camino que tenemos por delante ofrece muchas posibilidades. Sobre nosotros gravitan estereotipos y prejuicios que nos perjudican, pero pueden dejar de ser una pesada carga si generamos una firme voluntad por vivir en libertad y apoyamos las distintas manifestaciones culturas de todos los seres humanos. Ese es el reto que tenemos por delante. Como diría Einstein: "Es más fácil desintegrar un átomo que un prejuicio".

CAPÍTULO .08

Talento, Envidia Y Tradición

"Si alguien me ofreciera algo en mi propio beneficio
que fuera en detrimento de Francia lo rechazaría;
igual que si alguien me ofreciera algo en beneficio de Francia que
fuera en detrimento del resto del mundo."

Montesquieu

Estas tres palabras evocan un drama clásico que viene representándose en las organizaciones hispanas desde hace mucho tiempo: la confrontación entre mediocridad y talento, entre apatía y progreso, entre tradición e innovación. Es una obra que se escenifica en escenarios muy diferentes, en situaciones muy cambiantes y con actores muy variados, pero siempre con el mismo libreto y con el final de todos conocido. Si bien este problema afecta a la mayoría de las organizaciones occidentales, es en las empresas hispanoamericanas donde adquiere unos ribetes característicos que vamos a revisar con cierto detenimiento, poniendo el acento en las organizaciones peninsulares.

La gente suele percibir a la persona en el contexto de trabajo de una manera más negativa que positiva, pues habitualmente se acepta que la empresa es una zona semisalvaje, en la que se va al trabajo principalmente a sufrir y a defenderse de otros depredadores -reales o imaginarios- que operan libremente en ese ambiente. Y de tanto hablar de la negatividad que impera en las relaciones laborales, fruto de una naturaleza humana, supuestamente, egoísta y primitiva, terminamos creyendo que, en efecto, la envidia es la única estrategia de la que disponemos para sobrevivir. Y una vez que la envidia adquiere carta de naturaleza en el imaginario social de una organización, su ejercicio pasa a convertirse en un pasatiempo "distinguido", llegando a convertirse para muchos en una actividad que aglutina aficionados como los toros y el fútbol; pero practicada con la debida discreción y sutilidad.

Millones de personas sufren en su historia personal las terribles consecuencias de la envidia (dañina, irracional y despiadada), siendo los mejores de cada casa los que menos se libran de ella. En efecto, los que más destacan en actividades profesionales e intelectuales, y los que más aportan al quehacer común, suelen ser los principales destinatarios de esta pandemia que parece no tener fin. Pero no nos engañemos, quienes al final terminamos padeciendo esta lacra social somos todos, al verse privada la comunidad de una riqueza de la que podría beneficiarse de manera espontánea y accesible.

En nuestras organizaciones se invierte más energía en acosar y destruir trayectorias profesionales potencialmente exitosas que en apoyar la investigación científica, animar la mejora continua y facilitar la experimentación y la búsqueda de soluciones creativas a los problemas más importantes de la organización en cada momento, aun cuando se diga lo contrario. Los practicantes de la envidia se apostan en los recovecos del sistema y despliegan una sorprendente labor de espionaje, escudriñando a los que destacan por su capacidad de gestión o creatividad, para lanzarles después continuas andanadas de torpedos bajo su línea de flotación, que obstaculicen sus movimientos y hagan inviables sus proyectos, llegando a hundir sus naves en muchos casos.

Como la envidia opera a través de conductas, en apariencia, "inocentes" no sancionables socialmente, los envidiosos consiguen pasar desapercibidos por largos periodos de tiempo. Pero cuando al fin se descubre el juego que se traen entre manos, alegan en su defensa que solo realizaban una labor necesaria, porque se preocupan de desenmascarar a los "farsantes con aires de grandeza", protegiendo así al sistema; y como en la mayoría de las organizaciones no se sanciona la falta de iniciativa, pero ante un fracaso, por pequeños que sea, se montan escándalos monumentales, los individuos que quieren innovar, experimentar y probar nuevas ideas, lo tienen muy crudo. Por eso, cuando las organizaciones caen en manos de los defensores de la *tradición*, permanecen inmóviles y refractarias a los cambios durante mucho tiempo.

La envidia es un virus muy contagioso en España y Latinoamérica, que se propaga libremente sin apenas obstáculos. Muchas empresas, incluso la fomentan abiertamente, y, en general, rara vez se la combate, a pesar de lo costosa que resulta en todos los sentidos. Algunos directivos piensan que la envidia es buena, y, en consecuencia, la estimulan, dejándose aconsejar a diario por su "círculo allegado" de envidiosos, lo que al final les lleva a poner en su punto de mira a los sujetos con mayor potencial, de los que recelan, dudan y se terminan preguntando. " *¿Pero qué pretende López con esas locuras que hace una y otra vez?*".

Sabido es que las nuevas ideas, en los primeros momentos, no suelen contar con el respaldo de la mayoría ni con la comprensión de los jefes, porque a todo cambio se le opone una resistencia igual de signo contrario que trata de mantener la inercia anterior. Nos encanta la rutina y estamos dispuestos al continuismo, porque somos mamíferos de costumbres, y descalificamos sin pensar cualquier desviación que se produzca sobre la norma actual y la tradición establecida.

A quien se atreve a revisar "críticamente" los procesos de trabajo actuales y empieza a hacer preguntas "sin sentido", en las que habitualmente nadie repara, le terminan saliendo enemigos hasta de debajo de las piedras, porque todo el mundo se siente ofendido personalmente por los cambios que le pudieran afectar, como si la única intención de estos cuando se aplican fuera atacar los "privilegios" consolidados de cada uno en particular. Privilegios, que según la tradición ancestral son inviolables, pues todo el mundo sabe -aunque no esté escrito-que el Puesto de Trabajo es propiedad exclusiva de su dueño, y que si alguien osa allanarlo es "casus beli".

Esta pauta, que tanto impera en la Administración publica, se llega a invertir en ciertos sectores clave de la economía, por la enloquecedora búsqueda de la eficiencia -caiga quien caiga-a la que irremisiblemente se ven sometidas las empresas, con el consiguiente desarraigo que esto genera en los trabajadores, porque ningún puesto está ya garantizado, lo que se vuelve particularmente dramático en determinados segmentos profesionales como los gerentes medios o altos, a diferencia de lo que ocurre con determinados operadores de base, que rara vez se despiden, porque su trabajo es necesario, pudiendo absorberse más operadores de los necesarios en una fusión, lo que no ocurre en los puestos de mando. Como no puede haber dos gerentes de Marketing o dos Supervisores de Atención al Cliente, aquí no hay más remedio que aplicar "la guadaña" de manera inmisericorde. El resultado de este proceso, es la pérdida de lealtad del trabajador hacia su organización, a la que dedica la mayor parte de su vida profesional.

Estas formas de pensamiento tribales que se dan en amplios sectores del tejido productivo, deben ser sustituidas sin tardanza por las semillas que lleven a un cambio continuo, lo más humanizado posible en los procesos de trabajo. Pero, desgraciadamente, en las organizaciones de nuestro entorno imperan aún las leyes del silencio e irracionalidad, y si llevan tanto tiempo vigentes es porque debajo de las relaciones interpersonales cotidianas subyace en la conciencia colectiva la creencia de que las cosas deben ser como son y que las tradiciones debe respetarse por encima de todo: *"¡Si a mí me han jodido ayer, vosotros os jodéis hoy!"*, grita por dentro el que tiene la sartén por el mango en ese momento. Climas tan estúpidos como este, son los que en muchas organizaciones nacionales y multinacionales frenan el desarrollo de los más jóvenes en una línea saludable de aportaciones espontáneas que traen de fuera, aprendiendo enseguida a ver peldaños y no personas, en sus compañeros más cercanos de trabajo.

Y lo más curioso es que en nuestras culturas los individuos tienen una extraordinaria vitalidad creadora que ponen de manifiesto en cada ocasión que se toman las cosas en serio. Y cuando este infrecuente meteorito tiene lugar, ponen una pasión sorprendente e incontenible en el objetivo que se marquen, por difícil que sea. Pero a pesar de este formidable caudal de talento del que tan sobrados andamos, perdemos todas las oportunidades más importantes que se nos presentan: *Nos movemos a toda velocidad, pero avanzamos a paso de tortuga.* Muchos inventores abandonan su actividad antes de tiempo, muchos innovadores con brillantes ideas se rinden ante las insalvables barreras que se les pone a diario, y mucho ingenio grupal termina en el cubo de la basura ante la indiferencia generalizada o los aplausos de los envidiosos que celebran su triunfo sobre el progreso.

Por otra parte, es lamentable comprobar como la cultura "del éxito" y la "selección natural del más fuerte" ha terminado convirtiéndose en demasiados casos nada más que en sumisión a la jerarquía de la empresa, con la aquiescencia silenciosa de la mayoría y la permisividad vergonzante de una dirección socialmente irresponsable. En muchas multinacionales la gente sabe que la regla que verdaderamente funciona es la de manifestar un acuerdo "total" con lo que el superior plantea, lo que lleva a la generalización de unos valores que apestan y a unos resultados inefectivos, por la voracidad incontrolada que se genera en el sistema, a modo de boomerang que retorna al punto de partida con una pobre productividad y un clima inmoral y corrompido, generado por la pretensión de presentar este modelo de gestión como la única opción válida.

Y es que, en realidad, a los individuos les importan muy poco los éxitos que pueda conseguir la organización donde trabajan, los avances del sector industrial o agrícola al que pertenecen y el progreso de la región donde viven, porque lo que verdaderamente les interesa es a la rutina, en la que tan confortablemente nos instalamos los unos y los otros.

¿Para qué si no, impartimos curso tras curso de formación, sin aprovechar previamente los conocimientos que ya tienen los empleados (carreras universitarias, estudios profesionales, idiomas, especialización autodidacta)?. ¿Qué sentido tiene ofrecer nuevos conocimientos a los trabajadores, si al acabar la formación no se reorganizan en "task forces" para que las nuevas ideas y conceptos

159

puedan transferirse al trabajo sin dilación? ¿Por qué entendemos la formación como algo desvinculado de la realidad y no como un instrumento de transformación profunda que puede mejorar nuestra calidad de vida laboral cuando la aplicamos correctamente?

Una de las consecuencias de organizar así la *Formación* año tras año, es que llega un momento en que encontramos por todas partes gente frustrada, porque no pueden dar salida ni a sus conocimientos ni a su creatividad profesional, a pesar de su elevada motivación. Y ello por falta de espacios donde probar y experimentar las mejoras que llevan dentro, en un ambiente adecuado y estimulante. ¿Dará lo mismo, desde un punto de vista empresarial, tener una plantilla motivada, contenta y creativa, que un colectivo sin rumbo, incompetente y en conflicto permanente?. ¿Serán las personas la principal riqueza de la organización -como tantas veces se dice en las comidas de Navidad-por encima, incluso, de la tecnología y la economía, o lo último de lo último, como parece suceder una y otra vez? Estas son las preguntas *alfa* que deberíamos hacernos con más frecuencia, porque cuando se lleva mucho tiempo sin saber a dónde se quiere llegar las metas se desdibujan, el clima de trabajo toca fondo por falta de un liderazgo comprometido que ponga a las personas y a los equipos en su sitio y la envidia florece en todo su esplendor en su hábitat natural. Ahora bien, si en lugar de instalarnos en esta manera tan nuestra de hacer las cosas, optáramos -como sociedad- por otro enfoque más constructivo, bloqueando las conductas parasitarias, las organizaciones alcanzarían resultados muy superiores a los actuales, y, al mismo tiempo, mejoraría la salud laboral.

Hay mecanismos fáciles de aplicar, de una gran efectividad, que de seguirlos masivamente cambiarían la organización de arriba abajo. Citaré la *"Entrevista de Evaluación de Desempeño"* . Si hacemos entrevistas cada 3 meses y a todos los niveles, en la estructura organizativa, los efectos serán sorprendentes. La mecánica de aplicación es sumamente sencilla: supervisor y colaborador reunidos durante media hora, hablando *claro* como dos adultos responsables, dándose Feedback positivo y negativo, diagnosticando la naturaleza de los problemas más importantes que les afectan y comprometiéndose a aplicar mejoras progresivas sobre las que ambos tienen control directo. Esto, o continuar haciendo lo de siempre: nadar escondidos por las esquinas de los talleres y los pasillos, como pulpos que sueltan su tinta cuando alguien se acerca a pedir cualquier cosa.

Pero hay más herramientas colectivas aplicables, como la *"Evaluación 360 Grados"*, la opción de *"Hablar con el Jefe de tu Jefe"*, las entrevistas de *"Rato Colorado"*, que algunas empresas han establecido con buenos resultados, o el *"El Chat Mundial"* que IBM realizó entre todos sus trabajadores a nivel masivo.

Hoy ya contamos con herramientas de probada fiabilidad científica, que permiten explorar la personalidad humana, la inteligencia factorial y las destrezas necesarias para acometer actividades laborales de todo tipo. Disponemos de teorías psicológicas y métodos de diagnóstico cada vez más refinados, que nos permiten hacer predicciones sobre el comportamiento humano en prácticamente cualquier situación de trabajo, con elevados niveles de acierto. Pero estos conocimientos no sirven de mucho si no se usan debidamente. Es decir, si no contamos con la voluntad previa de hacer las cosas de otra manera. Los conocimientos actuales en *Psicología Organiza-cional* y en otras disciplinas científicas afines han avanzado exponencialmente en las últimas décadas, pero la dinámica de funcionamiento que rige en muchas instituciones tradicionales va muya la zaga de este formidable potencial disponible. El desfase entre la tecnología que usan los departamentos mas avanzados de Recursos Humanos y el que algunas instituciones siguen empleando es a veces grotesco.

Aunque parezca una exageración sin fundamento, en Selección de Personal algunas prácticas vigentes arrastran un desfase de más de un siglo en cuanto a los conocimientos disponibles. Para comprobarlo basta echar un vistazo a la aviación comercial para darnos cuenta del rigor y el acierto con que se aplican las más avanzadas estrategias de selección para hacerse con los profesionales mas capacitados que han de ocupar los puestos claves de las maquinas voladoras. E igual sucede en el sector astronáutico o en los viajes espaciales, en las fuerzas aéreas y en muchas otras organizaciones multinacionales de, prácticamente, todos los sectores de la economía. Pero si miramos como se hace la selección de técnicos y cuadros en empresas medianas y pequeñas, comprobaremos como estos procesos presentan muchas lagunas y deficiencias, e igual sucede con los opositores que todos los años dedican millones de horas a preparar su acceso a los puestos de la Administración pública en todos los países.

Si detenemos un instante nuestro vuelo y observamos el sistema de acceso que la mayoría de los estados emplean para el ingreso y la posterior carrera profesional de los profesionales de la Función Publica, mediante las tradicionales oposiciones "de toda la vida", veremos como la cosa mas normal del mundo que estas se organizan partiendo de la suposición de que la excelencia humana correlaciona directamente con la memoria, por lo que la capacidad de un funcionario puede establecerse a partir de la memoria que este demuestra. De esta forma, y de un plumazo, se pasa por alto el razonamiento abstracto, la habilidad para resolver problemas prácticos, o el equilibrio emocional; por citar solo algunas variables cognitivas, conativas y volitivas que forman parte del complejo entramado de la personalidad y el comportamiento humano en sus múltiples niveles y manifestaciones.

La psicología científica, ha demostrado ampliamente la existencia de dimensiones, tanto intrapsíquicas como psicosociales, que hay que tener en cuenta en la evaluación del "mérito y la capacidad" de los opositores, además de otros indicadores de psicopatología, que en modo alguno deben ignorarse como actualmente sucede. Pero si se continúa seleccionando a partir de una única variable -la memoria-y se dejan de lado otras no menos importantes, no deberíamos sorprendernos que en puestos de relevancia nos encontremos con individuos desajustados emocionalmente, incapaces de desempeñar cometidos que requieren repertorios conductuales de los que, simplemente, carecen, bien porque no se han tenido en cuenta en el diseño del proceso selectivo, o porque se han explorado mal. Por tanto, no nos oponemos a las pruebas de conocimientos, pero complementadas con la exploración de otros rasgos y factores mentales, psicológicos y psicosociales, que exija la profesiografía del puesto y las demandas a las que el operador esta sometido en el desempeño de su trabajo. Sirva este ejemplo para subrayar la importancia que tiene abrir un debate sobre el cambio continuo en el funcionamiento de las instituciones civiles y militares, y repensar las cosas de otras formas posibles, porque esto revitaliza todo el sistema.

En sociedades avanzadas, sometidas a cambios y transformaciones continuas de todo tipo, el papel que deben jugar las organizaciones debe redefinirse constantemente, tratando de reorientarlas hacia la innovación y el aprovechamiento inteligente del potencial humano. Preguntas como: *¿Habría que seleccionar a los jueces y catedráticos con métodos similares a los que se emplean con los pilotos comerciales?* Deberían hacerse más a menudo.

Sabemos que la envidia crece en las organizaciones que favorecen el continuismo y la tradición, las cuales permanecen inmóviles durante años. Por consiguiente, si queremos vivir en una sociedad que fomente el trabajo y genere abundante riqueza hemos de desterrar comportamientos involutivos lastrantes y apostar por el talento y la innovación como valores fundamentales. Mientras se permita que los envidiosos sigan con las manos libres y gocen del beneplácito del poder formal, tendremos canibalismo laboral para rato; pero todos seremos cómplices pasivos de semejantes atropellos, por denegación de auxilio a las víctimas, insolidaridad manifiesta y fomento de la injusticia social.

163

EL TORPEDO

La primera impresión que daba era la de un camorrista sin causa en busca de pelea, y cuando se le preguntaba algo solía responder siempre de manera sorprendente e inesperada, invitándote a jugar... Era un tipo original e inclasificable. Cuando estaba de buenas, canturreaba las canciones del momento y metía en la conversación, vinieran a cuento o no, los chistes de moda. De uno de esos chistes le venía el apodo del Torpedo que un día le endosaron los compañeros.

En la conversación te miraba de frente muy tranquilo, observando con atención tus reacciones. A veces me levantaba la voz para defender sus opiniones cuando yo profundizaba en algún tema para provocarlo, y él leía rápidamente entre líneas lo que le insinuaba. De vez en cuando sonreía relajado, y al cabo de un rato volvía al asunto con cara de pícaro, dando un nuevo enfoque al tema en forma de pregunta o de reflexión provisional. Y el puñetero siempre daba en el clavo. Mezclaba la sencillez y la sinceridad con unas ocurrencias muy originales. Un amigo común, *Objetor de Conciencia* como él, nos presentó en un bar tomando unos vinos, y allí mismo me contaron las divertidas anécdotas que habían protagonizado juntos en las oficinas de la Administración. Los compañeros le habían puesto el apodo del *Torpedo*, porque tenia esa palabra en la boca a todas horas, y, en justa venganza, de tanto mareo le bautizaron con su frase favorita.

Pero el *Torpedo* era también un cajón de sorpresas, porque entonces era el dueño de la noche almeriense y un *"bonvivant"* con clase. Había trabajado en varios pubs mientras estudiaba Empresariales y allí había conocido a los personajes más impresentables de *"Almería la Nuit"* . En las juergas a base de whisky y rumanas recién llegadas nunca pagaba una sola ronda por su reconocida condición de estudiante sin dinero.

Aquel año repetía el último curso de carrera, porque no encontraba la manera de aprobar dos asignaturas, a causa de unas palabritas de doble sentido que le dijo a un profesor. Daba ya por perdido el titulo, porque sus actividades nocturnas le absorbían mucho tiempo. Había probado de todo…, y en varias ocasiones se había salido de la pista. Sabía bien que aquello no tenía futuro para él, y que si no conseguía parar a tiempo no podría dejar los lucrativos "negocios" que le llovían, y en los que acabaría perdiéndose tarde o temprano.

El *Torpedo* nunca dejaba de sorprenderme, porque, además de maestro de ceremonias de la noche almeriense, era un currante nato que había aprendido a sudar la gota gorda desde pequeño en los invernaderos de la familia, convirtiéndose en un tipo duro. Su padre le había tallado algunos callos en el alma, además de los que lucía en las manos, que le escocían terriblemente cuando salían a relucir ciertas historias del pasado, de las que no le gustaba hablar. Su padre era un agricultor de una sola pieza, como tantos otros que habían empezado en los invernaderos hacía 20 años, cuando empezó la *Agricultu-ra Intensiva* en el poniente almeriense. Había dejado la salud bajo el plástico asfixiante y los pesticidas sin mascarilla, cultivando tomates y lechugas, por lo que no permitía que nadie le dijera como tenía que llevar su negocio, y menos su hijo.

Los dos se enzarzaron en interminables discusiones sobre los cambios que el *Torpedo* quería introducir en los invernaderos. Pero los dos eran tercos como mulas y no se entendieron. Al final el padre se impuso, aunque ello le costó la relación con el hijo y el vacío de la familia. Frustrado y herido el *Tor-pedo* fue alejándose y entrando, casi sin darse cuenta, en un ambiente que frecuentaban los jóvenes del pueblo y muchos agricultores de la zona: las barras de alterne.

Lo que más le dolía era la cerrazón y la rigidez de su padre, con el que apenas hablaba ya. Por eso buscaba experiencias fuertes que le dieran algún sentido a su vida. Y tuvo mucha suerte, porque las encontró de todos los colores. Una mañana me contaba llorando que acababa de morir una persona muy querida en unas circunstancias terribles. Y esa pérdida lo marcó a fuego y lo dejó roto durante mucho tiempo.

El caso del *Torpedo* viene a cuento de las dificultades que tienen que superar muchos jóvenes para encontrar su propio espacio vital y su camino profesional en la vida. El *Torpedo* parecía un sujeto disoluto y sin nada dentro, empeñado en divertirse a todo trapo. Pero a pesar de esas apariencias era un tipo de sorprendentes cualidades: comprometido, trabajador y con mucho ingenio práctico. Diseñaba bases de datos en Access como nadie, y resolvía cualquier problema informático que le presentaran, sin darse importancia.

Han pasado ya algunos años desde aquel primer encuentro. Hoy el Torpedo trabaja en una importante compañía en un puesto de responsabilidad, y realiza su trabajo con gran profesionalidad. Su apodo ya es solo una anécdota histórica. Cuenta con la confianza de la Dirección y con el respeto de sus compañeros, que le quieren. Al final aprobó las 2 asignaturas malditas y leyó su Proyecto Fin de Carrera con una buena nota.

Tras el velo de las apariencias siempre hay realidades complejas y profundas. Las personas esconden en su interior diamantes envueltos en papel de periódico, que pueden descubrirse si se da un paso atrás para ver la trayectoria vital de la persona, y anticipamos futuras realizaciones en circunstancias favorables, con un poco de olfato. Cuando en Selección de Personal se habla de contratar a alguien sin perfilar bien el Puesto, en el fondo lo que se quiere -aunque no se confiese- es que los nuevos trabajen sin cambiar nada de sitio, a sabiendas de que hay mucho que mejorar en todos los sentidos en la empresa. Los resultados que se consiguen haciendo las cosas así llevan a la descapitalización de la empresa, al prescindir de los individuos de altura que son los que podrían hacer los cambios necesarios. Hoy se siguen haciendo selecciones en las que al final, y después de mucha "reflexión", se contrata a gente "como nosotros", como si en el fondo necesitáramos clonarnos a nosotros mismos por miedo a la diversidad. Hay candidatos -como el *Torpedo*- que son iconoclastas, en apariencia irresponsables, y políticamente incorrectos. Parece que si los contratamos van a poner en peligro la estabilidad del sistema, pero en realidad son tremendamente necesarios y útiles, porque renuevan la "variabilidad genética" de la población empresarial, mejoran la salud del negocio, y en definitiva, lo hacen más productivo, porque lo zarandean y lo espabilan.

Si se apuesta por incorporar a profesionales de talla, lo primero que hay que hacer es dar con ellos -tarea que no siempre resulta fácil-, porque a veces se encuentran en los lugares más insospechados, y luego hay que hacerles un sitio donde puedan demostrar lo que realmente valen. Pero como no siempre es posible hacerse con los mejores talentos del mercado, bien porque ya están trabajando, bien porque son muy caros, no queda más remedio que seleccionar a los mejor "pura sangre" recién salidos, para formarlos con paciencia y luego darles toda la cancha posible.

Hay que apostar por personas con capacidad para experimentar y asumir riesgos de manera calculada, y con la suficiente ambición como para trabajar duro hasta conseguir sus metas profesionales. Después podemos pedirles, si queremos, que sean sociables y que trabajen en equipo, pero esto no será ningún problema, porque en la actualidad todo el mundo se esfuerza pos ser así. Sin embargo, los individuos que verdaderamente interesan a las organizaciones sanas son aquellos que tienen *visión* y pueden enfrentarse al grupo cuando sea necesario, siendo capaces de ir más allá de las fronteras actuales, sin bloquearse por la crítica fácil de los demás. Son sujetos que sin ser soberbios saben cuando tienen razón en sus planteamientos, y saben confiar en ellos mismos, siguiendo su propio instinto hasta llegar a donde se propongan.

Gente de esta catadura es escasa. Pero cuando se da con un diamante de esas características, aunque esté sin pulir y algo sucio, hay que jugársela y contratarlo, desoyendo los bienintencionados consejos que nacen más del miedo que de la prudencia.

¿Quiere Vd. que le presente al *Torpedo* y nos tomamos unos vinos juntos?

TÉCULA MÉCULA

Cuando pido a la gente que nombre alguna organización española, que, a su juicio, sea verdaderamente buena, con un prestigio bien asentado, al principio no saben que responder, pues el liderazgo al que más acostumbrados estamos es el de la "chapuza nacional". Cuando tratamos de recordar organizaciones sobresalientes, con reputación de calidad y buena gestión, los nombres que surgen son escasos, y, a veces, no sale ninguno.

No estamos acostumbrados a sentir como propia una agencia aeroespacial, o saber que tenemos los mejores ferrocarriles del mundo, o que en mi pueblo hay una empresa líder mundial en determinada tecnología. Pero nuestro país, a pesar de todo, destaca en algunos campos, siendo los sectores Servicios y Turismo los más desarrollados que tenemos. Sin embargo, ni aún en ellos conocemos bien nuestras fortalezas y debilidades organizativas, porque poca gente sabe que en el ránking de países desarrollados, España se sitúa en la octava posición, a la par de Canadá, ni tampoco tenemos una noción clara de que en turismo somos uno de los tres líderes mundiales, a poca distancia de Francia y EE. UU. Esto último, tal vez se deba a que la mayoría percibe el turismo simplemente como una aglomeración de extranjeros, bañándose en la costa mediterránea, a base de "Sol y Playa", y poco más. Nos visitan millones de personas todos los veranos, y en lugar de tomar conciencia de las oportunidades que dicho fenómeno nos ofrece, seguimos centrando nuestra atención en los tópicos de siempre.

Pero volviendo al liderazgo empresarial con el que empezábamos, mis encuestados al final consiguen identificar una organización puntera en España: *El Corte Inglés*, que ha sido capaz de montar una impresionante red de centros comerciales por todo el país, bien organizados, partiendo de tecnología y recursos propios, sin depender de empresas extranjeras. Pero este caso, lamentablemente, no es el habitual, porque lo más frecuente es depender de la tecnología de otros países más desarrollados.

Pero hay otra organización española (esta vez sin nombre foráneo, como en el caso del Corte Inglés) excepcionalmente buena y desconocida para la mayoría, que merece una atención especial, por sus importantes logros en materia de turismo. Es una organización que no citan mis encuestados -es cierto-, pero que yo tengo la suerte de conocer personalmente. Me refiero a la red de *Paradores de Turismo*, que viene funcionando en España desde 1928. Se trata de un conjunto de 80 Paradores aproximadamente, único en su género por sus inigualables características, repartidos por toda la geografía española, especialmente en lugares de baja masificación turística.

No hay nada mejor que los Paradores para descansar, hacer turismo y eliminar el estrés. Con muy pocos días de estancia, todo vuelve a ir sobre ruedas. Y es que los Paradores son excepcionales, pues se ubican en antiguos castillos, monasterios, palacios, casas de campo, e iglesias rehabilitadas, habiendo recuperado una muestra muy representativa de la arquitectura europea y española a lo largo de su dilatada historia.

En los cascos históricos de pueblos y ciudades, se han salvado de esta manera importantes edificios que ahora podemos disfrutar, uniendo la historia al arte, a la naturaleza y a la gastronomía tradicional de cada región. Porque en cada Parador, predomina un estilo diferente (decoración, clima, medio urbano-rural, etc.), pero siempre te sientes como en casa, por la calidez en el trato que consiguen, ya que todos comparten unos cuantos valores esenciales, como la calidad, el buen servicio, una decoración cuidada, y el silencio.

Muchas personas desdeñan esta opción, porque la consideran

cara. Es cierto que residir un día en los Paradores de Santiago de Compostela, Granada o León, vale un pico (los enclaves merecen la pena desde luego), pero son la excepción en cuanto a precios. A muchas personas que nos gusta disfrutar de la montaña, el Parador de Fuente Dé, por ejemplo, en el mismo corazón de los Picos de Europa, se nos ofrece como un lugar inigualable para pasar dos días haciendo marchas por las lomas y los valles. Pero hay otros muchos, como el de Cervera de Pisuerga, en la montaña palentina, donde se contemplan unos inolvidables atardeceres del Embalse de Ruesga. Algunos Paradores son muy chiquitos, como el de Alarcón (Cuenca), pero la frescura de los muros de su Torre del Homenaje (Castillo del Siglo VIII), merecen una visita tranquila y un paseo por Alarcón y sus alrededores.

La experiencia de comer en un Parador no os la perdáis, al menos una vez en la vida. Los platos recogen viejas tradiciones gastronómicas, y si cenáis en un claustro renacentista, o en el refectorio de una abadía cisterciense, las sensaciones siempre son impactantes. Podéis pedir postres únicos como la *"Técula Mécula"*, que es una especie de pastel de almendra de origen romano (Para tí y Para mí) que en el Parador de Plasencia preparan como nadie. Y ya que terminamos esta ruta aquí, sería bueno que os abandonarais una tarde a sus claustros acristalados y disfrutéis de sus originales muebles de época y su cuidada decoración. Y puede que hasta evoquéis alguna ráfaga de color, enterrada en el tiempo y la memoria de las piedras que se ofrecen silenciosas a vuestros ojos y a vuestra piel. Las mismas piedras que formaban parte de la provincia hispano-romana que aquí se asentaba y que tanto vieron.

Si hay visionarios capaces de crear empresas como ésta, partiendo de cero, y hacer que funcionen, ¿qué no serán capaces de hacer otros emprendedores cuando abran los ojos y se den cuenta de la gran reserva de oportunidades que nos siguen esperando? Porque no hay avances si no soñamos primero con las cosas que amamos apasionadamente, y luego se trasladan de los planos a la realidad tangible. Esta capacidad de creación inspirada, parece haberse perdido actualmente, quedando confinada al mundo de las metáforas literarias; por eso, hay que ayudar a Don Quijote en sus afanes, para que la imaginación campee también en los despachos de dirección, en las salas de diseño y en los laboratorios de investigación. Sólo los valientes apasionados que buscan la genialidad en su corazón, pueden saborear las escenas mágicas que hay al otro lado del espejo, y volver con suficiente fuerza de acción para plasmar en las realidades cotidianas esas nuevas verdades que acaban de hacer suyas.

Y es que deberíamos reaprender a soñar en el Paraíso Perdido de nuestra infancia, ahora que, como adultos, podemos hacer "realidad" muchos de aquellos sueños que fuimos olvidando. Pero nos han planchado tantas veces el cerebro, que hasta carecemos ya de circunvoluciones cerebrales. Por eso yo sueño mucho. Sueño con el pasado y sueño con el porvenir. Sueño despierto y sueño dormido. Y aquí estoy, suspendido de la magia luminosa de unas columnas medievales y de un bosque de castaños centenarios. Siento los sueños de aquellos seres humanos que vivieron aquí mismo, creando algo nuevo de la nada. Algo que hasta entonces no existía y que después nadie ha igualado ni superado.

LOS PÁJAROS DE ÁFRICA

Escribo desde Agadir (Marruecos) mientras Samir, nuestro Ingeniero Agrónomo, nos va introduciendo con paciencia y discreción en el fascinante mundo de esta región agrícola del sur de Marruecos. Agadir es la principal productora del tomate que Marruecos exporta a Europa y de los quebraderos de cabeza que esto crea a muchas cooperativas almerienses, por lo competitiva que resulta esta producción, frente a los tomates de El Ejido (España). Agadir es África, de eso no hay duda; pero también es Marruecos: ese gran país tan desconocido para los españoles, al que nunca nos atrevemos a mirar directamente a los ojos. Agadir está empezando a dejar de ser una promesa y se está convirtiendo, por la fuerza de los hechos, en una realidad llena de posibilidades, a la que habrá que prestar la debida atención. Porque Marruecos se mezcla con nuestra historia y nuestra sangre de manera misteriosa. Es una de nuestras prolongaciones naturales por el Sur y uno de los ejes que vértebra nuestra identidad.

Cuando en España decidamos reencontrarnos con nuestras señas de identidad más profundas, de uno u otro modo deberemos regresar a algunos lugares comunes que duermen en nuestra memoria. Agadir es uno de esos lugares -en medio de la costa atlántica-que se ha convertido en un reto para la agricultura almeriense, pero también en una oportunidad. Desde Agadir se ve claro que habría que apostar por construir empresas mixtas e invertir en capital, tecnología y experimentación aquí. Y si no lo hacen los empresarios almerienses, otros lo harán en su lugar, porque los procesos de desarrollo que en esta extensa región dan ahora sus primeros pasos difícilmente se detendrán.

En el restaurante *La Pérgola* coincidimos con un grupo de almerienses en una mesa cercana. Son una representación de alguna cooperativa en visita de reconocimiento, pero comen solos sin ningún marroquí en su mesa. Tal vez ayer lo hicieran, o puede que esta noche hablen con técnicos de la zona. Me pregunto que impresión se llevarán de esta compleja realidad.

¿Hasta dónde conseguirán entender la dinámica de una sociedad en desarrollo como esta, tan llena de misteriosas contradicciones para nosotros?

Construir empresas mixtas hispano-marroquíes y hacer que funcionen no es un asunto fácil, debido a numerosos malentendidos históricos y a demasiados estereotipos, por parte, sobre todo, de la sociedad española; ya que los marroquíes tienen en conjunto una visión mas objetiva de las similitudes entre ambos pueblos. Por ello, si fuéramos capaces de dejar a un lado nuestros tradicionales puntos de vista y mirásemos con otros ojos a los hermanos del sur, muchas cosas mejorarían para todos. Estamos terminando una selección de personal para una importante empresa de semillas y durante varios días entrevistamos y exploramos a jóvenes Ingenieros que han estudiado sus carreras en la Universidad *Hasan II de Rabt*. Son profesionales que quieren trabajar en su país y contribuir con su esfuerzo y conocimientos científicos al desarrollo y modernización de su pueblo. Son pues tantas las oportunidades de trabajar con ellos en proyectos rentables para ambas partes que subimos al avión con cierta desazón.

- ¿Cómo contribuir al desarrollo de otros pueblos uniendo procesos separados, que pueden dar buenos resultados?

- ¿Ha creado la agricultura almeriense un modelo aplicable a otros contextos?

- ¿Qué impide exportar el conocimiento y la experiencia adquirida?

Las distancias psicológicas son las más difíciles de salvar. África es una galaxia cercana a nosotros, pero a dos millones de años luz. Los camellos en los huertos delatan donde estamos, las chilabas con capucha en los mercados dan fe de ello. El desierto se adivina detrás de cada curva de la carretera y un océano sin fronteras que susurra y respira como una majestuosa ballena azul se hace sentir a cada instante. Al llegar la noche… una fragancia sutil se adueña del aire. Apenas es una caricia en la piel. Y al amanecer, al abrir los ojos, te das cuenta de repente que los pájaros de África cantan de otra manera.

"Entre dos caminos, elige el más difícil"

Proverbio tibetano

EPÍLOGO
Una mirada al exterior

En una *Empresa Inacabada* hallamos las claves que pueden conducirnos a una nueva forma de entender las relaciones en el seno de la sociedad, preconizando el desarrollo de pautas y comportamientos que han de impulsar el avance y el progreso en una sociedad en convivencia. Uno de los criterios que baraja nuestro autor es la esencialidad del cambio y la transformación empleando el empuje y la energía de la originalidad, la creatividad, la calidad y la entrega compartida; frente al individualismo, la indiferencia de la rutina y el desánimo decadente.

Subirse a la cresta de la ola y agarrar con vigor el timón de una revisión histórica, en cierta forma nueva, que surge de la introspección de nuestro legado, no deja de ser una operación pendiente. Carlos Samaniego trata de desvelar el trasfondo histórico y psicológico que nos ha hecho negar sistemáticamente la trabazón de nuestro pasado con una civilización pujante y emergente en lo social y en lo religioso, como es el caso de *Al-Andalus*. De ese largo y significativo episodio de nuestra propia historia pretende concebir e implementar un modelo de interacción y organización entre tradiciones y culturas engastadas en el faro de diversidad. Desde esa perspectiva, se acuña el término "Triculturalidad" en referencia a las principales identidades religiosas monoteístas, de cuya progresión y traslación histórica dan testimonio nuestros pueblos y ciudades. Este apartado histórico, sirve para ilustrar algunas consideraciones, a la luz del análisis de los modelos psicosociales y del estado de los Recursos Humanos en la actualidad vigente. De ahí el afán que despliega por fusionar aportaciones culturales que han surgido a lo largo de la historia, en busca de una convergencia social favorable. Se trataría de aunar potencialidades y experiencias históricas diferentes para fomentar el cambio de *paradigma* en esta nueva época de desarrollo tecnológico, empresarial y financiero.

Estamos hablando de reactivar las relaciones entre la península

175

Ibérica y el Magreb, apoyándonos en un reflejo histórico común, que nos ayude a comprender la compleja identidad de los pueblos ibéricos, para detectar las claves que reactiven dos polos magnéticos, en intrínseca atracción, que siempre existieron. Para ello, hay que generar una nueva conciencia y un nuevo dinamismo intercultural y económico. Una oportunidad de oro descansa en los sectores productivos: empresas y mercados, que convenientemente catalizados desde el tamiz de la interacción vital, y, sin desatender los valores y señuelos de la multiculturalidad y el pluralismo, podrían conducir a una mayor cohesión y aprovechamiento de los Recursos Humanos, ajustando las necesidades de trabajadores y empresarios en el marco de unas leyes que proclaman y promulgan la igualdad y la equidad, tanto en el trato directo y personal, como en el profesional o laboral.

Imprescindible es, en este entramado de influencias, interacciones y lazos mutuos, emprender un recorrido, tal y como hace nuestro autor, por los acontecimientos y fenómenos decisivos de la historia compartida entre España y Marruecos. Conocer los detalles y las particularidades de estos dos conjuntos de pueblos, contribuye a dilucidar muchos aspectos del presente aun sin resolver, vitales para alcanzar índices más elevados de integración, desarrollo, justicia y libertad. Resulta fundamental que, en la esfera de las relaciones laborales transversales, se apliquen pautas de comportamiento, establecidas de común acuerdo, para evitar fricciones que desencadenen recelos y crispación en los espacios de trabajo. Y digo esto, porque el sentir general en este contexto no es precisamente positivo ni productivo, sino todo lo contrario. Por tanto, tal y como hemos ido descubriendo en muchos rincones de este libro, la exteriorización natural, sosegada y liberadora de los puntos de vista de las distintas sensibilidades de los colectivos y grupos que integran la empresa, contribuirá, inevitablemente, a una mayor armonía y a un mayor índice de afinidad y compatibilidad de las personas en la consecución de proyectos comunes. Y de esta manera, se mejorará el desarrollo sostenible y el progreso, tanto en el seno de las empresas como en las instituciones públicas y las organizaciones sociales.

Huelga decir que los principales desafíos que afrontamos en la actualidad son más internos que externos: ¿seguiremos mejorando la redistribución económica?, ¿acabaremos con el fantasma de la confrontación interna?, ¿potenciaremos el capital intelectual hasta el límite de nuestras posibilidades? A lo largo de la obra hemos visto cómo éstas y otras preguntas se han planteado con inquietud, y, a la vez, con esperanza. Una compresión más universalista y enriquecedora de los intercambios sociolaborales, fomentando la multiculturalidad en las empresas y respetando más a los otros, podrían ser algunas de las conclusiones que nuestro pasado *tricultural* nos ofrece. Porque si en el pasado el encuentro entre musulmanes, cristianos y judíos dio espléndidos frutos en todos los campos a lo largo de más de un siglo, nada se opone a que emprendamos nuevos proyectos que incluyan la diversidad étnica y cultural como pilares de partida. Nada, excepto nuestras propias creencias. Y con reflexiones como ésta, nos aproximamos a la sensibilidad desde la que se sitúa el autor para hacer este audaz y transparente análisis.

No se deja escapar en este ensayo, asimismo, la ocasión de cuestionar ciertos hábitos de consumo, profundamente arraigados, relacionados con la alimentación en centros de trabajo y en entornos festivos, cuyos intereses reclaman una revisión por parte de los españoles. El tratamiento crítico y la valoración que hace Carlos Samaniego inciden particularmente en factores como la calidad y el servicio, así como en el impacto que tiene una falta de consciencia en nuestras prácticas sociolaborales y socioalimentarias. Y también hace un especial hincapié en el valor que entraña el apoyo mutuo y el compañerismo entre directivos y trabajadores, e insta a todos ellos a comprobar los maravillosos resultados que esas conductas proporcionan. Medidas como estas, parecen contribuir a la humanización de la vida de la empresa y son la síntesis de una estrategia organizativa más inteligente e innovadora. Desde la multiculturalidad hoy se piensa que todas las personas tienen derecho a gozar de su propia cultura, a identificarse con las diferencias que de ella se derivan y a que se les respete como seres humanos libres e iguales en derechos. La libertad, entendida de este modo, reconoce que la diversidad es un valor que debe cuidarse, porque las culturas no son en sí mismas ni superiores ni inferiores con respecto a otras. Todas y cada una de ellas tienen componentes positivos y negativos, y todas aportan algún tipo de riqueza a la sabiduría humana global. Las diferencias aportan puntos de vista nuevos, sensibilidades complementarias y habilidades desconocidas que se pueden emplear.

Y de esa diversidad y de esos contrastes pueden surgir originales aplicaciones, si se saben conectar debidamente. Todo lo contrario del discurso tradicional, que ha excluido sistemáticamente al "otro" y al "diferente", ya que sólo era posible una única verdad.

Mansur Escudero
Presidente de la Junta Islámica de España.
Almodóvar del Río (Córdoba), abril de 2008.

REFERENCIAS BIBLIOGRÁFICAS

ARAYA, G.
1983
El pensamiento de Américo Castro. Estructura intercastiza de la historia de España
Madrid: Alianza Editorial

CARO BAROJA, J.
2003
Los moriscos del reino de Granada. Ensayo de Historia Social
Madrid: Alianza Editorial

CASTRO, A.
1983
España en su historia. Cristianos, moros y judíos
Barcelona: Grijalbo Mondadori

DE MENA, J.M.
1991
Tradiciones y leyendas Sevillanas
Barcelona: Plaza Janés

ESLAVA GALÁN, J.
1994
Los reyes Católicos
Barcelona: Planeta

GAVIRIA, M.
1996
La séptima potencia
Barcelona: Ediciones B.

HUNTINGTON, S.P.
2002
¿Choque de civilizaciones?
Madrid: Tecnos

JIMENEZ LOZANO, J.
1982
Judíos, moros y conversos
Valladolid: Ámbito

LAIN ENTRALGO, L.
1971
Estudios sobre la obra de Américo Castro
Madrid: Taurus

LYNCH, J.
1992
Los Austrias (1516-1598)
Barcelona: Crítica

LYNCH, J.
1993
Los Austrias (1598-1700)
Barcelona: Crítica

MAALOUF, A.
1999
Identidades Asesinas
Alianza Editorial: Madrid

MARTÍN CORRALES, E.
2002
La imagen del magrebí en España. Una perspectiva histórica. Siglos XVI-XX
Ediciones Bellaterra: Barcelona

MOHA, E.
1992
Las relaciones Hispano–Marroquíes
Editorial Algazara: Málaga

NAVAS LUQUE, M. y otros
2004
Estrategias y actitudes deaculturación: la perspectiva de los inmigrantes y de los au-tóctonos en Almería
Dirección General de Coordinación de Políticas Migratorias.
Consejería de Gobernación.
Junta de Andalucía: Granada

TAJFEL H. Y TURNER J.C.
1986
The social identity theory of intergroup relations
En S. Worchel & W. Austin (Eds.)
"Psychology of intergroup relations"
Chicago: Nelson Hall

TOYNBEE, A.J.
1998
Estudio de la Historia - Vol. I
Madrid: Alianza Editorial

www.ingramcontent.com/pod-product-compliance
Lightning Source LLC
Chambersburg PA
CBHW031935190326
41519CB00007B/539